MODA E ARTE
releitura no processo de criação

Dados Internacionais de Catalogação na Publicação (CIP)
(Jeane Passos de Souza – CRB 8ª/6189)

Pezzolo, Dinah Bueno
    Moda e arte: releitura no processo de criação / Dinah
Bueno Pezzolo. – São Paulo : Editora Senac São Paulo, 2013.

    Bibliografia.
    ISBN 978-85-396-0306-0

    1. Moda e Arte   2. Arte e Moda   3. História da moda   I.
Título.

12-078s   CDD – 391.009

Índice para catálogo sistemático:
    1. Moda e arte   391.009
    2. Arte e Moda   746.9

Dinah Bueno Pezzolo

MODA E ARTE
releitura no processo de criação

Editora Senac São Paulo – São Paulo – 2013

Administração Regional do Senac no Estado de São Paulo

Presidente do Conselho Regional: Abram Szajman
Diretor do Departamento Regional: Luiz Francisco de A. Salgado
Superintendente Universitário e de Desenvolvimento: Luiz Carlos Dourado

Editora Senac São Paulo
Conselho Editorial: Luiz Francisco de A. Salgado
 Luiz Carlos Dourado
 Darcio Sayad Maia
 Lucila Mara Sbrana Sciotti
 Luís Américo Tousi Botelho

Gerente Publisher: Luís Américo Tousi Botelho
Coordenação Editorial/Prospecção: Dolores Crisci Manzano e Ricardo Diana
Administrativo: grupoedsadministrativo@sp.senac.br
Comercial: comercial@editorasenacsp.com.br

Edição e Preparação de Texto: Vanessa Rodrigues
Revisão de Texto: Globaltec Editora Ltda., Luciana Lima
Imagens: Imagem Zebras (1950), na p. 167, © Vasarely, Victor/ Licenciado por AUTVIS, Brasil, 2012.
 Erich Lessing/ Album/ Latinstock.
Projeto Gráfico e Editoração Eletrônica: Globaltec Editora Ltda.
Capa: Antonio Carlos De Angelis
Impressão e Acabamento: Gráfica CS

A autora e a Editora Senac São Paulo fizeram todos os esforços para contatar autores das imagens reproduzidas neste livro e pedem desculpas caso tenha havido algum equívoco nos créditos. Caso isso tenha acontecido, por favor, entre em contato com a editora para que seja corrigido na próxima edição.

Proibida a reprodução sem autorização expressa.
Todos os direitos desta edição reservados à
Editora Senac São Paulo
Rua 24 de Maio, 208 – 3º andar – Centro – CEP 01041-000
Caixa Postal 1120 – CEP 01032-970 – São Paulo – SP
Tel. (11) 2187-4450 – Fax (11) 2187-4486
E-mail: editora@sp.senac.br
Home page: http://www.livrariasenac.com.br

© Editora Senac São Paulo, 2013

SUMÁRIO

Nota do editor 07

Apresentação 09

Antiguidade 13

Idade Média 23

Renascimento 29

Século XVII 43

Século XVIII 51

Século XIX: moda e estilo 73

Século XIX: moda, fotografia e impressionismo 91

Belle Époque: movimentos 115

Belle Époque: criadores e criações 137

Século XX: movimentos 153

Século XX: criadores e criações 175

Moda para admirar, arte para vestir 189

Referências bibliográficas 199

Índice 207

NOTA DO EDITOR

Desde os tempos remotos, a pintura, como rica documentação visual, deixou registrado para a posteridade não só hábitos e costumes de épocas diversas como também os trajes usados por homens e mulheres. Isso não quer dizer que a "moda" no Império Romano, por exemplo, fosse formada por togas ou túnicas. Durante centenas de anos, as roupas cumpriram, basicamente, as funções de proteger o corpo e de diferenciar classes sociais. Foi no século XVIII que a diversidade de gostos passou a ditar o dinamismo nas criações.

No entanto, a relação entre o que era tido como belo para vestir e a expressão artística do momento pode ser vista já em pinturas da Idade Média. Nessas obras, o registro do cotidiano revela figuras femininas que, para alongar a silhueta, raspavam a testa e usavam armações pontiagudas como adereço de cabeça – uma referência às altas torres da arquitetura gótica do período. No Renascimento, arcos e cúpulas inspiraram saias volumosas, sustentadas por armações em forma de abóbada.

E o sedutor estudo dessa "linha do tempo" revela mais do que o pensamento de uma época influenciando o modo de se vestir. A evolução da moda acaba tendo reflexos na própria maneira de um artista plástico conceber sua obra. Por exemplo, no século XIX, pintores impressionistas claramente se inspiraram nas gravuras que divulgavam vestidos e trajes nos periódicos de então. A moda, sempre em movimento, acabou eternizada em grandes museus do mundo.

Com a presente publicação, o Senac São Paulo não só reafirma sua referência em estudos do vestuário; este livro propõe um olhar crítico e aguçado sobre a arte de ontem e de hoje, e sua ligação com o promissor e exigente mercado de trabalho da moda.

APRESENTAÇÃO

Enquanto a pintura oriunda da sensibilidade do artista nos emociona, a moda, como resenha da história da arte, nos seduz.

Os criadores de moda têm acatado com reverência obras de grandes pintores da história da arte. Uma análise nos campos paralelos da moda e da arte indica haver nítida interação entre ambos. Na criação da imagem desejada, a pesquisa, a inspiração, a criação e a adaptação dão sentido a linhas, a formas, a volumes, a cores, a texturas e até a materiais.

Obras de arte da Antiguidade clássica, hoje expostas em grandes museus, documentam os trajes usados nas mais diversas ocasiões. Não se pode dizer que as roupas mostradas eram as que estavam "em voga" na época, pois as vestes cumpriam apenas a função de cobrir e proteger o corpo. No entanto, as criações artísticas gregas e romanas influenciaram a moda ao longo do tempo e a influenciam até hoje.

Nas pinturas medievais, a posição socioeconômica das figuras é revelada por seus trajes. A ostentação do luxo, como símbolo de poder e riqueza, caracterizava os trajes da nobreza, do clero e da burguesia. A vestimenta clerical da Igreja Romana possuía caráter divino, atribuído pelo povo. Este, por sua vez, devido à cultura teocêntrica, não dava importância aos valores materiais, aceitando a simplicidade das vestes comuns. Nesse período, o aprimoramento de técnicas de tecelagem permitiu maior aproveitamento de fibras como lã, algodão, linho, seda e cânhamo, usadas como matéria-prima do vestuário.

A relação entre moda e arte começou a se delinear no final da Idade Média, na segunda metade do século XIV. Nota-se o sentido vertical gótico da arquitetura de templos e catedrais também na criação de trajes. As novas formas mostradas nas roupas podem ser consideradas o ponto inicial da verdadeira moda. Tudo colaborava para compor uma silhueta alta e esguia: verticalidade de linhas, pontas, chapéus pontiagudos e até o hábito de raspar a cabeça (de modo a ampliar a testa) contribuíam para formar a figura alongada que marcou o período.

A analogia entre arquitetura e vestuário se repetiu no período renascentista – mas por linhas horizontais. Arcos e cúpulas inspiraram saias volumosas, armadas, sustentadas por armações circulares em forma de abóbada. Telas de grandes pintores comprovam a força do que já era visto como moda na época do Renascimento. Como possuir um retrato elaborado por um mestre era privilégio de poucos, o que se encontra nos museus são registros do vestuário de uma classe social abastada.

A pintura, aliás, durante muito tempo constituiu o principal documento visual da moda. A partir de 1830, a divulgação do bem-vestir passou a ser feita por gravuras de moda. Ao mesmo tempo, surgiram periódicos especializados, como *Journal des Dames et des Modes*, *La Vogue*, *La Mode* e *Journal de Dames,* entre outros. Na segunda metade do século XIX, a fotografia veio complementar a documentação na área do vestuário.

Todos esses registros permitem traçar um paralelo entre moda e arte, bem como analisar os estilos artísticos e sua influência na moda – e vice-versa.

Em 1858, Worth abriu sua própria *maison* na rue de la Paix, em Paris, onde surgiram os fundamentos da alta-costura e onde se intensificou a associação entre moda e pintura, que jamais cessou. Nessa segunda metade do século XIX, telas de Manet, Degas, Cézanne e Monet, entre outros, serviram de inspiração à moda da época. Muitas vezes, esses grandes artistas utilizavam, como base para suas telas, as gravuras de moda, aproveitando até as posições destas para suas modelos.

Os variados movimentos artísticos do início do século XX, como *art nouveau* (que floresceu entre 1895 e 1914), fauvismo (entre 1904 e 1908), cubismo (surgido por volta de 1910) e *art déco* (que triunfou de 1925 a 1939), marcaram a criação de moda, incluindo acessórios e joias.

Nas décadas seguintes, o cinema, visto como a sétima arte, não só se valeu das releituras para elaborar seus figurinos como também influiu na mudança periódica de estilo – uma característica da moda.

A estrutura deste livro, em capítulos organizados de acordo com séculos e períodos históricos, reflete o constante revisitar que marca o universo fashion e o vaivém dos gostos. Assim, serão vistas criações de designers do século XX, por exemplo, no capítulo dedicado ao século XVII. E, não por acaso, os anos 1800, 1900 e 2000 mereceram dois capítulos cada um: é a partir do século XIX que se encontram mais referências das artes plásticas dialogando com a moda, e de estilos sendo revistos e homenageados por artistas e estilistas.

Há sempre de se levar em conta que "a história é uma colagem de aprendizados e rupturas, não um arquivo morto" (Piza, 2010, p. 16), o que justifica a releitura tão comum entre os criadores de moda. Essa é a razão para que se valorize a documentação existente, de modo a apreciar, analisar, equiparar e juntar as peças desse jogo composto por cores, formas, proporções e talento.

ANTIGUIDADE

As imagens permitem analisar a vida dos povos ao longo da história. Cultura, costumes e modo de viver fazem parte da documentação visual imortalizada pelas artes plásticas.

A pintura, em especial, desde a Pré-História – quando era executada simplesmente como forma de registro – até os nossos dias, comprova a descoberta do homem de que, por meio do vestuário, ele conseguia mudar a própria aparência e determinar hierarquias.

Vestimentas usadas há séculos podem ser analisadas em obras expostas nos grandes museus. Papiros elaborados há mais de mil anos antes de Cristo e esculturas e cerâmicas provenientes principalmente da Grécia Antiga e do Antigo Egito retratam o que se vestia naqueles tempos remotos. As pinturas egípcias, que consistiam em registros da vida de uma pessoa e que deviam acompanhá-la além da morte, são uma rica fonte de inspiração para a moda.

No *Livro dos mortos*, papiro da 18ª Dinastia (1391 a.C.-1353 a.C.), Nebqed encontra Osíris, deus egípcio da morte, seguido por sua mãe, Amenemheb, e sua esposa, Meryt. Musée du Louvre, Paris.

Pintura da rainha egípcia Nefertari em seu túmulo no Vale das Rainhas, em Tebas.

As imagens do túmulo da rainha Nefertari constituem uma referência para criações diversas. O plissado e a transparência de suas mangas foram lembrados por vários modelos assinados por Dolce&Gabbana em 2000. Da mesma forma, palas arredondadas, pregas, transpasses, faixas e amarrações volta e meia ressurgem nas passarelas.

Transparência e plissado nas criações de Dolce&Gabbana, em março de 2000.
Foto de Dinah Bueno Pezzolo.

Transpasse, amarrações e malha canelada – o conjunto, da italiana Laura Biagiotti (1943-2017), remete aos trajes usados no Antigo Egito.
Foto de Dinah Bueno Pezzolo.

ANTIGUIDADE

A estrutura do corpo humano permite transformações em sua silhueta baseadas em estreitamento de formas ou acréscimo de volumes. A história do vestuário ao longo dos séculos mostra que o homem, numa espécie de recusa à natureza, lançou mão de vários artifícios à procura de um ideal na aparência.

Na figura da *Deusa das serpentes* (1600 a.C.) aparecem os dois primeiros artifícios do traje feminino: o espartilho e a crinolina feita com arcos de junco que garantiam a amplidão da saia.

Em outubro de 1998, o espartilho foi lembrado por Stella McCartney (1971-) para a coleção de Chloé.
Foto de Dinah Bueno Pezzolo.

Desde que o material tecido – lavável, flexível, duradouro, que permitia combinações e invenções – passou a ser usado na confecção de roupas, as metamorfoses começaram a documentar períodos da história. A *Deusa das serpentes*, figura de terracota proveniente de Cnossos, Grécia (1600 a.C.), traz saia com babados sobrepostos e seios à mostra. Enquanto os seios aparecem de forma natural, o corpete ajustado por armação rígida evidencia a cintura delgada.

Embora o registro principal da figura de terracota seja o uso do espartilho e da crinolina 1.600 anos antes do início de nossa era, a saia composta por babados sobrepostos não escapa aos olhos treinados à pesquisa e da criatividade baseada na releitura.

Valentino (1932-), que se caracteriza pelo realce da feminilidade em suas criações, mostrou, em março de 2001, saias compostas por babados sobrepostos.
Foto de Dinah Bueno Pezzolo.

ANTIGUIDADE

Na Grécia Antiga, a mulher não contava com nenhum tipo de artifício – nenhum corpete, nada de arcos que modificassem sua silhueta. Sob um retângulo de tecido artisticamente enrolado ou pregueado, a beleza das gregas consistia em suas formas naturais e nos drapeados que aprenderam a montar.

Ártemis, deusa da caça (fim do século V a.C.), foi reproduzida em baixo-relevo para a frisa do Partenon. The Acropolis Museum, Atenas.

Esculturas e pinturas sobre cerâmica do século V a.C. mostram que a vestimenta grega feminina compunha-se basicamente de uma peça de lã ou linho, algumas vezes plissada a mão, com o auxílio de ferro quente. Montava-se o tecido aberto sobre o corpo ou com um dos lados costurado de modo a formar um tubo. Quando usado aberto, era pregueado ou drapeado como numa espécie de sari mantido por cinto, terminando com uma ponta sobre o ombro. Essa roupa era conhecida por *chitón* – "quitão" ou "quíton", nas formas em português.

No século XX, após a Segunda Guerra Mundial (1939-1945), Madame Grès (1903-1993) se especializou na criação de vestidos de jérsei de seda drapeado. Muitos mostravam o movimento assimétrico de uma só alça, numa releitura do período clássico da Grécia e de Roma, no século I a.C. Aquarela de Dinah Bueno Pezzolo.

Fíbulas (espécie de presilhas) prendiam o tecido sobre os ombros. A roupa podia ser usada solta ou mantida na cintura por um ou dois cintos sobre os quais o tecido era puxado, num efeito blousé. Essa folga no tecido anulava qualquer curva do corpo. O retângulo básico de tecido algumas vezes cobria apenas da cintura para baixo. Na parte superior do corpo, a mulher vestia o peplo, um tipo de túnica curta montada a partir de um retângulo aberto de tecido que, depois de dobrado ao meio, era preso da mesma forma sobre os ombros. Algumas vezes, uma série de pequenas fíbulas juntava o tecido sobre o braço, formando uma verdadeira manga. Essa túnica curta podia ou não ser complementada por cinto que ficava encoberto pela folga do tecido.

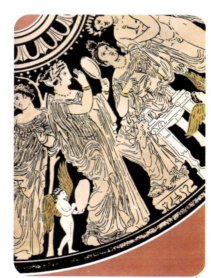

Roupa solta que neutralizava os contornos do corpo, uma das características do traje feminino na Grécia Antiga. Nesta pintura sobre cerâmica, vemos mulheres *à toilette.* The State Hermitage Museum, São Petersburgo.

Na vestimenta básica das gregas, o tecido era mantido sobre os ombros por presilhas, botões ou broches.

ANTIGUIDADE

Na Roma Antiga, a mulher, assim como o homem, usava uma túnica simples, em forma de camisa, que chegava à altura dos joelhos ou dos tornozelos, com ou sem mangas, sobre uma espécie de colete de lã (que, neste caso, funcionava como uma "roupa de baixo"). Para sair, vestia a toga, ampla e drapeada, em volta do corpo e sobre a cabeça.

A toga era de origem grega, mas, enquanto na Grécia o movimento do tecido sobre o corpo girava em torno de linhas retas, em Roma formava semicírculos. Com o passar do tempo, o tamanho da toga aumentou consideravelmente, chegando a 6 metros de comprimento por 2 metros de largura. Os mais ricos possuíam um empregado encarregado de ajudá-los na tarefa de se vestir. O uso da toga era proibido aos estrangeiros e aos escravos.

As mulheres casadas gradualmente substituíram a toga pela estola – espécie de vestido com ou sem mangas, sustentado sobre os ombros e pelos braços por fíbulas. A estola era usada com uma faixa ou com um cordão abaixo do busto, com a intenção de modelar a silhueta. Eis que a cintura começou a ser delineada!

Calíope, musa grega da poesia épica, é aqui representada com o traje usado pelas mulheres romanas do século II. A cintura aparece marcada logo abaixo dos seios. The State Hermitage Museum, São Petersburgo.

A toga passou a ser usada apenas pelas mulheres condenadas por adultério, enquanto que a estola foi incorporada ao cotidiano da mulher romana, como comprovado por esculturas datadas desde a República (509 a.C.-27 a.C.) até o fim do Império (476 d.C.).

A pintura mural da Vila Farnésine, em Roma (século I d.C.), documenta o traje, o penteado e o calçado usados por uma mulher que transfere perfume de um frasco a outro. Coleção Dagli Orti, Museo Nazionale Romano, Roma.

ANTIGUIDADE

Inspirada na Grécia Antiga, foi vista na coleção primavera-verão 2008 de Lanvin, em Paris. Aquarela de Dinah Bueno Pezzolo.

IDADE MÉDIA

Com o fim do Império Romano, em 476 d.C., a Europa ocidental começou a se desenvolver independentemente do que restava do Império: o Império Romano do Oriente ou Império Bizantino. Mosaicos e pinturas mostram que bizantinos da classe alta usavam túnicas de seda enfeitadas com fios de ouro, com pérolas e com pedras preciosas.

Acima, a imperatriz Teodora (*c.* 500-548), detalhe do mosaico bizantino (547 d.C.) da Igreja de San Vitale, em Ravena, Itália.

A nobreza da Europa ocidental passou a usar trajes complicados, enquanto as classes inferiores vestiam peças simples, feitas em casa, como túnicas e mantos retangulares. Mas não tardou para que, junto com o crescimento das cidades, aparecessem lojas especializadas na fabricação de roupas. Artesãos cortavam, ajustavam e decoravam as vestes, que inicialmente eram de algodão e, mais tarde, passaram a ser confeccionadas com seda importada do extremo Oriente.

Santa Maria Madalena, escultura em madeira (carvalho) do final do século XV, revela o traje e o penteado da época. Musée de Cluny, Paris.

A longa trança chamou a atenção no desfile de Thierry Mugler (1948-) para a primavera-verão 2000. A ideia teria sido resgatada do final da Idade Média? Foto de Dinah Bueno Pezzolo.

Em Paris, o Musée de Cluny, além do acervo valiosíssimo, organiza exposições temáticas temporárias que documentam detalhes pitorescos da moda e também da beleza desse período, que teve início com o já citado fim do Império Romano, em 476 d.C., e que se estendeu até 1453 d.C.

IDADE MÉDIA

Nos vitrais da época, encontram-se cenas dos costumes do povo medieval. Um vitral proveniente de uma rica residência da cidade de Lyon, hoje no Musée de Cluny, apresenta não só os trajes de um casal como também o jogo de xadrez que fazia parte do ritual amoroso no fim da Idade Média. A jovem mulher usa um vestido longo, forrado, com cintura alta. Na cabeça, traz uma armação em formato de cornos, coberta por tecido, muito em voga na época. O homem ostenta um vistoso turbante à lambrequins e roupa curta com mangas amplas.

O adereço corniforme, aliás, era um dos vários que as mulheres utilizavam na cabeça. Na Idade Média, os longos cabelos femininos deviam estar escondidos ou presos de maneira cuidadosa – as já citadas tranças, por exemplo. Somente as bem jovens escapavam dessa obrigação. As armações de arame tinham formatos diversos, como coração e borboleta, o que certamente lhes garantia mais altura. Tecidos leves eram colocados sobre essas armações, que muitas vezes eram recobertas com os próprios cabelos, o que dava origem a penteados extravagantes. O restante dos cabelos era penteado para trás e depilava-se o contorno da testa exageradamente, tudo em busca de uma fisionomia alongada. Tanto véus como tranças serviam muitas vezes como base para ricos enfeites.

A verticalidade da figura feminina, influenciada pelo estilo gótico das catedrais, pode ser considerada o início da moda. A altura da armação e a cabeça raspada colaboravam para alongar a figura. Musée de Cluny, Paris.

É interessante assinalar que, durante os séculos XIV e XV, o vestuário – até então impessoal e universal – tornou-se pessoal e até mesmo nacional. Em toda a Europa o poder político cresceu e os mais privilegiados adquiriram emancipação econômica e social – um panorama perfeito para diferenciar classes sociais por meio do vestuário. Uma aquarela atribuída a Antonio Pisanello (c. 1395-1455), exposta no Musée Condé, comprova a preocupação com os trajes de uma classe abastada.

Projeto de trajes para a Corte (1420), aquarela de Pisanello. Musée Condé, Chantilly.

Telas e gravuras do século XV comprovam a principal característica do vestuário no final da Idade Média: a verticalidade de linhas, tanto para homens quanto para mulheres.

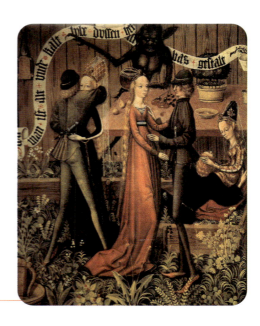

A silhueta alongada, característica do período, foi registrada no fim do século XV por um pintor anônimo de Dantzig, cidade da Polônia fundada no século X. Nesse detalhe da tela *Os dez mandamentos* aparecem três jovens casais. Ao fundo, a figura do diabo os alerta sobre a punição que os aguarda. Muzeum Narodowe, Varsóvia.

IDADE MÉDIA

Acontecimentos sociais, assim como hoje, eram oportunidades para um verdadeiro desfile de moda.

A miniatura de Loyset Liedet (1420-1479) para Carlos, o Temerário (1433-1477), elaborada por volta de 1470, documenta a cerimônia do casamento de Renaud de Montauban e Clarisse, e é um retrato da moda na época. A noiva, como figura central, usa um chapéu alto em formato de cone coberto por véu que atinge o chão. O vestido tem cintura alta e cauda importante. Na figura masculina, chapéu igualmente alto, calças colantes e calçado com bico bem alongado. Bibliothèque de l'Arsenal, Paris.

Detalhes do vestuário medieval vez por outra servem de inspiração aos criadores de moda. A releitura não se traduz em cópia ou adaptação, mas numa inspiração. Na coleção apresentada por Yohji Yamamoto (1943-) em outubro de 1999, em Paris, uma abertura nos ombros semifechada por cordão e ilhoses lembrou o decote semiaberto pintado pelo francês Jean Fouquet (1420-1481) em *A Virgem e o menino cercado de anjos* (1452-1455).

Cordão e ilhoses sobre os ombros, na criação de Yamamoto. Paris, outubro de 1999. Foto de Dinah Bueno Pezzolo.

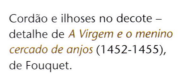

Cordão e ilhoses no decote – detalhe de *A Virgem e o menino cercado de anjos* (1452-1455), de Fouquet.

RENASCIMENTO

O teocentrismo da Idade Média deu lugar à valorização do homem a partir dos séculos XV e XVI, quando teve início a Idade Moderna. A classe camponesa se libertava da senhorial, ao mesmo tempo que as profissões se organizavam em grupos econômicos sustentados por um capitalismo já importante. O renascimento resgatou os valores da cultura clássica greco-romana e uma nova concepção de vida passou a ser difundida, inclusive nas obras de arte.

Artes plásticas e moda se mesclavam, já que a nobreza encomendava, aos pintores, os desenhos de seus trajes para festas. O bem-vestir se difundia e os burgueses que seguiam os passos dos nobres podiam contar com a qualidade crescente da matéria-prima disponível. Bordados e peles passaram a caracterizar riqueza; o vestuário se estabeleceu como forma de diferenciação entre a Idade Moderna e a Medieval, quando os povos viviam de forma bárbara.

Uma obra que caracteriza bem as transformações artísticas do período, o que inclui a valorização dos trajes, é *A Virgem e o menino cercado de anjos* (1452-1455) – cujo detalhe foi mostrado no final

Em *A Virgem e o menino cercado de anjos* (1452-1455), de Fouquet, o decote foi possivelmente inspirado nos trajes de uma cortesã francesa. Koninklijk Museum voor Schone Kunsten Antwerpen, Antuérpia.

do capítulo "Idade Média". Nessa pintura de Jean Fouquet, Maria foi provavelmente idealizada com características de Agnès Sorel (1421-1450), amante do rei Carlos VII (1403-1461), da França. Loira, com pele muito alva, testa alta e boca pequena, costumava usar decotes profundos, que revelavam o seio.

Nos trajes femininos, a silhueta começa a ganhar importância e a moda passa a comandar a dança das proporções, dos volumes, das curvas. A protagonista foi a cintura – ora enfatizada, ora camuflada, marcada em seu devido lugar ou movida mais para cima ou mais para baixo. Obras renascentistas permitem apreciar as transformações ocorridas no vestuário.

Na têmpera sobre madeira *Uma princesa da casa de Este* (1436-1449), Pisanello registrou os detalhes que colaboravam para alongar a figura feminina: fronte e nuca raspadas e cabelos presos por faixa. Cintura alta e ventre proeminente constituíam detalhes em voga. Musée du Louvre, Paris.

RENASCIMENTO

A figura feminina vigente na aristocracia de meados do século XV foi documentada por pintores que reuniram, em suas criações, o ápice da Idade Média e a transição para o Renascimento. Mestres flamengos, como Jan van Eyck (c. 1395-1441), utilizavam tinta a óleo em substituição à têmpera, o que constituiu uma inovação para a época.

O casal Arnolfini (1434), óleo sobre madeira, é o mais famoso quadro de Van Eyck. As roupas expressam a alta posição socioeconômica de Giovanni Arnolfini, rico comerciante, e sua esposa, Giovanna Cenami. Ele veste um capote escuro (tabardo) com arremates de pele de marta. O traje feminino tem detalhe de arminho no decote e nos punhos, com cintura alta evidenciada por costuras centradas. O ventre proeminente era obtido com auxílio de almofadinhas acolchoadas presas internamente. The National Gallery, Londres.

Quem diria que uma silhueta com ventre proeminente seria proposta pela alta-costura em meados do século XX? Passados mais de quinhentos anos, numa época em que a elegância era prioridade nas passarelas, Christian Dior (1905-1957) apresentou em sua coleção primavera-verão 1953 um modelo cujas características principais consistiam na cintura marcada por faixa logo abaixo dos seios e no ventre proeminente.

Vestido drapeado de crepe e musseline criado por Dior em 1953. Aquarela de Dinah Bueno Pezzolo.

RENASCIMENTO

O gosto pela amplidão dos quadris e pela cintura delgada se firmou: na época de François I (1494-1547), rei da França, alguns itens do vestuário já eram considerados imprescindíveis, como o corpete e o *vertugadin* (armação composta por varas de barbatana de baleia, de ferro, de vime ou de madeira, ligadas por um jogo de fitas amarradas na cintura). Essas duas peças acabaram permanecendo nos trajes por três séculos, com pequenas transformações.

Em 1546, o corpo rígido era obtido graças ao corpete com barbatanas de baleia. O *vertugadin* garantia a amplidão da saia, como mostra a pintura a óleo sobre painel de madeira de Elizabeth Tudor (1533-1603) atribuída a William Scrots.
The Royal Collection, Windsor Castle, Windsor.

SACRIFÍCIO IMPOSTO PELA MODA

O corpete surgiu da evolução de uma torturante peça de ferro do século XV. Ele era feito com um tecido grosso, acolchoado, que ia dos ombros à cintura, sem mangas, exageradamente decotado e ajustado firmemente na cintura. O corpete não só afinava a cintura como também erguia e separava os seios, quando não os deixava à vista, além de aprofundar os rins a fim de salientar a barriga. No século XVI, para que sua frente se tornasse mais rígida, ganhou barbatanas de baleia. Depois de algum tempo, estas foram substituídas por armação de madeira ou de aço. As amplas saias eram obtidas pelo *vertugadin*, realçando a fragilidade da cintura.

Em 1580, o desconforto da moda usada num baile da Corte de Henrique III (1551-1589), da França, foi registrado na pintura de autor desconhecido. O corpete rígido, a cintura comprimida e a amplidão da saia sustentada por armação garantiam a silhueta tida como ideal na época. Musée du Louvre, Paris.

GRAVURAS DE MODA

No século XVI, além das pinturas, a reprodução de gravuras era feita pelo prelo luminoso, criado por Johann Gutenberg (1398-1468) no século anterior e que possibilitou a documentação de imagens de costumes característicos de diversos povos do mundo.

A primeira publicação de xilogravura de moda se deu em 1562: *Recueil de la diversité des habits*, de François Desprez, pela *Imprimerie* de Richard Breton, na rue S. Jacques, em Paris. Os desenhos mostram a variedade do vestuário usado por habitantes de países da Europa, da Ásia, da África e de localidades tidas como selvagens, incluindo os indígenas do Brasil.

Desprez publicou sua primeira coleção de xilogravuras de moda em 1562, em Paris. Bibliothèque Municipale de Tours, Tours.

A xilogravura de Desprez retrata a moda feminina espanhola. A legenda é feita em versos rimados: "Gostaria de conhecer seguramente/ Como na Espanha é a mulher vestida/ Deve-se pensar que aqui certamente/ De uma espanhola é a imagem esculpida". Bibliothèque Municipale de Tours, Tours.

Na xilogravura referente à italiana, a legenda anuncia: "Veja aqui a mulher da Itália/ Como ela neste retrato sobressai/ Com sua força e sua beleza/ Ao seu amor os homens ela atrai". Bibliothèque Municipale de Tours, Tours.

A noiva na França: "A esposa é vestida e penteada/ Como vedes, para o casamento/ A demonstrar sua beleza se entusiasma/ Não tendo o coração casado nesse momento". Bibliothèque Municipale de Tours, Tours.

Desprez também produziu uma xilogravura para a "moda" indígena brasileira. Segundo os dizeres, "Lá são vestidas as mulheres/ Como o retrato representa/ Lá também os macacos e papagaios/ Aos estrangeiros elas põem à venda". Bibliothèque Municipale de Tours, Tours.

RENASCIMENTO

Foram vários os seguidores de Desprez, mas nenhum mais original que Cesare Vecellio (c. 1521-1601), que, em 1590, teve a ideia de fazer uma espécie de história da moda em seu livro *Costumes antigos e modernos*. O conteúdo reuniu não só imagens da moda na Itália de então como também costumes antigos, desde a época dos imperadores romanos.

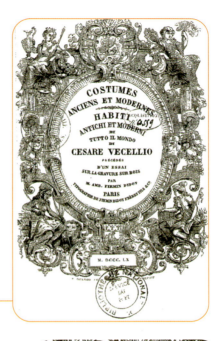

Costumes antigos e modernos (1590), livro de Vecellio com xilogravuras de moda. Bibliothèque Nationale de France, Paris.

Jovem solteira (1590), Vecellio. Bibliothèque Nationale de France, Paris.

Mulher casada, de Pádua (1590), Vecellio. Bibliothèque Nationale de France, Paris.

Uma das gravuras mais conhecidas de Vecellio é a que mostra cortesãs de Veneza usando uma espécie de culote combinado a meias de seda e calçados com plataformas altíssimas. Estes serviam para aumentar a estatura e também impediam que as mulheres sujassem os pés com a lama e a imundície das ruas.

Cortesãs de Veneza, xilogravura de Vecellio. Bibliothèque Nationale de France, Paris.

GRAVURAS E PINTURAS

França, Itália e Espanha exerceram papel fundamental na evolução da moda no final do século XVI, quando teve início uma verdadeira simbiose entre gravuras de moda e retratos assinados por grandes mestres. Nas obras de grandes pintores, a nobreza aparece com trajes que também foram documentados por xilogravuras e aquarelas da época. A moda usada pela aristocracia despertava o interesse de pessoas menos abastadas. O próprio pintor flamengo Peter Paul Rubens (1577-1640) gostava de se vestir como um aristocrata, o que fica bem evidente em seu autorretrato junto a Isabelle Brandt (1591-1626), sua esposa.

Maria de Médici (1575-1642), óleo sobre tela (1593-1595) de Pietro Facchetti (1539-1613). Musée du Louvre, Paris.

Autorretrato do pintor flamengo Rubens ao lado de sua primeira esposa, Isabelle Brandt, em 1609. Ambos vestidos de modo luxuoso, como os aristocratas da época. Alte Pinakothek, Munique.

Se, nas telas, o retrato era precedido por produção esmerada, nas gravuras os detalhes do cotidiano faziam a diferença. Abraham Bosse (*c.* 1602-1676) destacou-se nos anos 1630 pelo esmero e pela exatidão de seus trabalhos. A precisão de suas criações faz da maioria de suas gravuras testemunhos fundamentais de sua época.

Bosse, em sua gravura *A galeria do palácio*, mostra um local de venda de artigos de moda (luvas, leques, bolsinhas de mão) e artigos de renda, como golas, punhos e palas. Bibliothèque Nationale de France, Paris.

O baile, da série *O casamento na cidade* (1633). Gravura de Bosse. Kupferstichkabinett, Berlim.

RENASCIMENTO

O valet (1635), gravura da série *As profissões*, de Bosse. Como uma de suas características, o artista retrata a moda da época de modo detalhado. Bibliothèque Nationale de France, Paris.

Em 1642, Bosse registrou o trabalho dos gravadores. Museum Het Rembrandthuis, Amsterdã.

SÉCULO XVII

Nos anos 1600, a organização das camadas sociais tinha se estabelecido, em parte, pela influência das religiões. Nos países católicos, a elite era formada por membros da nobreza e da Igreja; nos protestantes, a burguesia se firmava como classe dominante. Foi nesse século XVII que a França começou a se impor como "ditadora de moda", com 20% de sua produção econômica voltada ao vestuário.

Mariana de Áustria (1652), assinada pelo espanhol Diego Velásquez (1599-1660), traz as principais características da moda usada pela realeza em meados do século XVII: corpete em ponta, cintura fina e saia ampla, mantida pelo *vertugadin*. Museo Nacional del Prado, Madri.

Esse apogeu foi alcançado durante o reinado de Luís XIV (1638-1715), o Rei-Sol. Ele reinou de 1643 a 1715, período de uma supervalorização da silhueta da mulher, com cintura bem marcada e quadris avolumados. As formas masculinas também sofreram influência feminina.

Roupas trabalhadas com várias camadas de tecido e com detalhes de rendas e bordados eram reservadas à elite. Essa elite acabava por se constituir em uma verdadeira vitrina da moda: as classes populares procuravam copiar os trajes das esferas superiores, mesmo que de forma grosseira. Nessa época surgiram as primeiras publicações voltadas ao assunto.

Em 1672, Jean Donneau de Visé (1638-1710) lançou o periódico *Mercure Galant*. Inicialmente com distribuição trimestral, não demorou para que o público tivesse acesso a informações mensais. No ano de 1678, Donneau de Visé encomendou ao célebre desenhista e pintor Jean Bérain (1637-1711) algumas ilustrações de moda. De um total de dez desenhos de Bérain, dois – que mostravam trajes para o inverno – fizeram parte da edição de outubro daquele ano do *Mercure Galant*. As criações foram apresentadas em forma de gravuras, graças ao trabalho de Antoine Lepautre (1621-1679). Nesse ano, pela primeira vez, as gravuras de moda integraram uma publicação periódica.

Estes desenhos de Bérain, publicados no *Mercure Galant* em outubro de 1678, fazem parte de um conjunto de dez, medindo 125 mm × 100 mm. Bibliothèque Nationale de France, Paris

DO SÉCULO XVII PARA O XXI

No século XVII, o pintor holandês Johannes Vermeer (1632-1675) criou composições inteligentes, com jogos de luz e sombra que sinalizam a influência do barroco italiano. Na maioria das telas que mostram ambientes internos, nota-se clima intimista, composições geométricas dos elementos, tapetes orientais cobrindo mesas e luz vinda de uma janela, o que acrescenta brilho e transparência às cores.

Passados mais de três séculos, as obras de Vermeer foram lembradas por importantes designers e estilistas, num perfeito casamento entre moda e arte. Marc Jacobs (1963-), em sua coleção outono-inverno 2007 para Louis Vuitton, deixou clara sua inspiração na pintura de Vermeer. O estilista recriou o clima das telas por meio de cores lavadas pela luz, como o azul-holandês,

Moça com brinco de pérola (1665), uma das obras mais conhecidas de Vermeer. Mauritshuis Museum, Haia.

Homem, mulher e vinho (1658-1661) traz as cores características de Vermeer, banhadas pela luz. Gemäldegalerie, Berlim.

o amarelo, o branco, além das grandes boinas – uma releitura das toucas usadas pelas musas do artista. Assistindo ao desfile e sentada próxima à passarela estava a atriz Scarlett Johansson (1984-), protagonista do filme *Moça com brinco de pérola*, inspirado na famosa tela de Vermeer. Após o desfile, o próprio Marc Jacobs informou que a paleta de cores tinha sido inspirada nas obras do pintor holandês.

Em 2007, a moda assinada por Marc Jacobs para Louis Vuitton reverenciou as pinceladas do artista holandês: saiões volumosos, drapeados e cores características. Aquarela de Dinah Bueno Pezzolo.

Para a primavera-verão 2009, quem se inspirou nas obras de Vermeer e de Antoon van Dick (1599-1641) foi John Galliano (1960-), em sua coleção para Dior. O clima da arte barroca foi obtido pelo cenário que mostrava um conjunto de vitrais composto pelas cores usadas pelos dois artistas: azul-holandês, amarelo e branco, bem como o vermelho intenso típico de Van Dick.

Numa releitura das obras de Vermeer e Van Dick, Galliano lembrou a arte barroca na passarela primavera-verão 2009 de Dior. Aquarela de Dinah Bueno Pezzolo.

SÉCULO XVII

O XALE

Esta peça do vestuário usada para envolver delicadamente os ombros, emoldurar o colo e acentuar a feminilidade aparece, vez por outra, há séculos como detalhe de uma moda, acima de tudo, charmosa. Tudo começou no século XVII, quando mantilhas de renda negra eram usadas sobre a cabeça. Em meados do século seguinte, a renda negra desceu da cabeça para os ombros. Essa releitura da mantilha resultou nos xales usados pelas elegantes da época.

Na tela *Mulher com mantilha* (1625-1630), Velásquez registra o uso da renda negra como detalhe da moda de então. Chatsworth House, Derbyshire.

Lady Getrud Alston, em 1750, foi retratada por Thomas Gainsborough (1727-1788) usando um xale de renda negra sobre os ombros. Musée du Louvre, Paris.

Os xales de cashmere, supermacios, que as mulheres adoram, iniciaram sua viagem rumo ao Ocidente em 1664. Um viajante ocidental que se encontrava na Caxemira – no subcontinente indiano – ficou encantado com a delicadeza dos tecidos que traziam tanto dinheiro à Índia. Tão finos e macios, podiam ser passados por dentro de um anel, como podem até hoje – aliás, isso é uma das provas usadas para constatar a qualidade desse tecido.

Em *Madame Rivière* (1806), o pintor – e também violinista – Jean-Auguste Dominique Ingres (1780-1867) registrou o uso do xale de cashmere, tão em moda na época. Musée du Louvre, Paris.

No fim do século XVIII, barcos da Companhia das Índias de volta à Inglaterra traziam os esperados xales, que eram disputados pelas mulheres. Grandes, envolventes, leves e macios, tinham cores belíssimas, além de barrados com motivos florais. Na França, Josephine (1763-1814) recebeu um como presente de Napoleão (1769-1821). Ela gostou tanto do xale que fez a encomenda de vários, em cores diversas, lançou moda e todas as elegantes a seguiram.

Vistos como exóticos, esses acessórios chegavam à França pelas mãos dos soldados de Bonaparte, quando estes retornavam do Egito. Para atender à crescente demanda, um novo tipo de indústria se desenvolveu na Europa. A invenção do jacquard na tecelagem, em 1790, auxiliou os fabricantes na imitação dos xales de cashmere, cujos originais podiam ser adquiridos somente por contrabando.

SÉCULO XVII

A obra de Claude Monet (1840-1926) que retrata madame Gaudibert confirma o cuidado dos impressionistas em documentar a moda do momento (ver capítulo "Século XIX: moda, fotografia e impressionismo"). O destaque da tela é o xale de cashmere que complementa o vestido de cetim com volume na parte posterior da saia.

Monet fez do xale de cashmere o ponto principal de sua obra *Mme. Gaudibert* (1868). Musée d'Orsay, Paris.

Em outubro de 1996, o xale como detalhe de moda foi relembrado nos desfiles de prêt-à-porter em Paris. Não em renda nem em cashmere, mas em musseline devorée, com longas franjas de seda.

Na passarela, o complemento do xale, numa releitura da moda documentada em telas. Lolita Lempicka, coleção primavera-verão 1997. Foto de Dinah Bueno Pezzolo.

SÉCULO XVIII

O século XVIII se iniciou com a França se destacando politica e culturalmente do restante da Europa. O trabalho de seus artesãos fez surgir uma moda direcionada à classe privilegiada, e esses membros da nobreza e da burguesia, bem como os eclesiásticos, que posavam para retratistas famosos tinham suas imagens valorizadas por vestes suntuosas. Nessa época – do reinado de Luís XIV, que perdurou até 1715 –, Hyacinthe Rigaud (1659-1743) tornou-se o retratista mais importante da Corte. Rigaud notabilizou-se não só pelas poses imponentes mostradas em suas telas, como também pela riqueza dos detalhes exibidos no vestuário. Sua obra mais célebre foi o retrato oficial do Rei-Sol.

Retrato de Luís XIV no Palácio de Versalhes (1701), por Rigaud. Musée du Louvre, Paris.

Terminada a Era Luís XIV, o pomposo estilo barroco foi substituído por um mais leve e intimista: o rococó, que se desenvolveu na França, na Áustria e no sul da Alemanha. Esse estilo permaneceu até 1780 e aparece nas pinturas de François Boucher (1703-1770) e Jean-Honoré Fragonard (1732-1806), um dos precursores do impressionismo (ver capítulo "Século XIX: moda, fotografia e impressionismo").

Nesta cena cotidiana de mulheres se vestindo, Boucher se deteve a detalhes importantes do estilo rococó. Além de realçar a textura das sedas, registrou a delicadeza de laços e babados, o uso do corpete amarrado na frente, das meias ajustadas acima dos joelhos, do leque (no chão), da bolsinha de mão (pendurada, à frente da lareira) e destacou o conjunto de pregas no alto das costas, típico da moda naquele período. *A toilette* (1742). Museo Thyssen-Bornemisza, Madri.

SÉCULO XVIII

Na moda rococó, texturas e brilhos são valorizados em tonalidades claras de azul, amarelos pálidos, verdes delicados e rosa. Os vermelhos intensos e o forte turquesa do barroco desapareceram. As obras revelam a importância especial que os artistas dedicavam a sedas e rendas.

> Este retrato, *O beijo roubado*, foi criado nos anos 1780 e fazia parte da série de "Beijos", de Fragonard. Na obra, o artista dedicou especial atenção à textura dos tecidos, à maneira dos pintores holandeses do século XVII. Com perfeito domínio de luzes e sombras, valorizou o volume da saia, o brilho da seda e a transparência do lenço. The State Hermitage Museum, São Petersburgo.

Antoine Watteau (1684-1721), pintor francês que viveu em plena transição do barroco para o rococó, registrou em suas obras um detalhe de modelagem para o qual tinha especial atenção: as pregas no alto das costas. Os historiadores modernos acabaram dando a esse detalhe, que caracteriza os vestidos à francesa do século XVIII, o nome de *plis Watteau* – ou seja, "pregas Watteau".

O traje da figura feminina de *L'Enseigne de Gersaint* (1720) mostra o grupo de pregas no alto das costas que caracterizava os vestidos à francesa do século XVIII e marcou a obra de Watteau. Scholss Charlottenburg, Berlim.

SÉCULO XVIII

Em julho de 2008, no desfile da coleção Chanel assinada por Karl Lagerfeld (1933-), o modelo com detalhe de pregas na parte posterior da saia despertou atenção. Embora tenha sido comentado que a inspiração vinha dos antigos órgãos de igrejas, com seus tubos cilíndricos, não houve como não associar o detalhe com as pregas Watteau do século XVIII. Originalmente, a amplidão das pregas partia do alto das costas, mas uma releitura não é uma cópia; é uma inspiração, uma adaptação, uma atualização de determinado detalhe.

Na criação de Lagerfeld para Chanel, em 2008, o conjunto de pregas deixou o alto das costas, como Watteau mostrara em suas telas, para dar amplidão à parte inferior da saia. Aquarela de Dinah Bueno Pezzolo.

Um outro item de vestuário do estilo rococó foi especialmente registrado por Boucher na figura de madame de Pompadour (1721-1764), amante de Luís XV (1710-1774). Entre sedas e rendas, vê-se profusão de babados, flores e laços usados em busca de uma elegância requintada.

A profusão de laços nas roupas de madame de Pompadour registrada na obra de Boucher (1756) acabou se tornando um símbolo do romantismo na moda. Alte Pinakothek, Munique.

SÉCULO XVIII

Ao final do século XX, Christian Lacroix (1951-) relembrou a sequência de laços que aparece no retrato de madame de Pompadour. Sobre um pretinho sem alças, quatro laços de cetim dispostos em diagonal formavam o detalhe principal da roupa.

O romantismo dos laços no modelo criado por Lacroix para primavera-verão 1998. Aquarela de Dinah Bueno Pezzolo.

Giorgio Armani (1934-), com a simplicidade de linhas que o caracteriza, para realçar a feminilidade também insistiu nos laços estrategicamente colocados para o inverno 2008-2009.

Numa visão atualizada do romantismo na moda, Armani mostrou grandes laços planos marcando a cintura, no pescoço ou como detalhe num transpasse. Aquarelas de Dinah Bueno Pezzolo.

SÉCULO XVIII

Ao final do século XVIII, com o fim da monarquia, a burguesia ampliou seus direitos políticos e econômicos, garantindo seu domínio social. Nesse cenário, o inglês George Bryan Brummel (1778-1840) ficou conhecido como o primeiro dândi, por se vestir com esmero exagerado e cultivar um estilo impecável. As roupas dos dândis eram sóbrias: calça comprida, colete e casaco ajustados, com alguns detalhes "obrigatórios": gola alta, colarinho virado para cima e o uso de um lenço enrolado no pescoço, com nó sofisticado.

Na tela *The Skater* (1798), retrato do gravador e fabricante de medalha Jean-Bertrand Andrieu, Pierre-Maximilien Delafontaine (1777-1860) detalhou o esmero com que o lenço era colocado no pescoço. Musée de la Monnaie de Paris, Paris.

Em *Portrait de groupe* (início do século XIX), Giuseppe Bossi (1777-1815) documentou o uso das golas altas e dos lenços enrolados no pescoço com nós nas pontas. Palazzo Massimo Lancellotti, Roma.

Giorgio Armani, na moda feminina para o inverno 2008-2009, mostrou ao lado dos laços sua versão para os lenços usados pelos dândis do início do século XIX. A lembrança dos lenços apareceu no detalhe da blusa de seda.

No desfile de Armani Privé, em Milão, não faltou o tecido enrolado no pescoço, terminando com nó na frente, bem ao estilo dos lenços usados pelos dândis do início do século XIX. Aquarela de Dinah Bueno Pezzolo.

CINTURA FRÁGIL, SAIA VOLUMOSA

A figura feminina baseada no corpo comprimido e na saia exageradamente abaulada marcou um grande período da história. Embora tenha havido variações na armação da saia, a cintura sempre permaneceu estrangulada, como sinal da fragilidade feminina. Mesmo quando o chamado vestido à inglesa, com volume na parte de trás da saia, tornou-se moda, a cintura delgada foi mantida graças ao rígido corpete atado por cordão e por ilhoses.

A importância do volume na parte posterior da saia, em contraste com a delicadeza do tronco, foi enfatizada por Louis-Leopold Boilly (1761-1845) em sua obra L'Optique (1796). Coleção particular.

Ao final do século XVIII, teoricamente, somente os alfaiates tinham o privilégio de executar as roupas ajustadas da mulher, incluindo o corpete. O fato gerou movimentos que insistiam na necessidade de as mulheres serem vestidas por profissionais do mesmo sexo. Esta imagem é da gravura *A prova do corpete* (1780), obtida por meio de placa metálica gravada por Antoine François Dennel (1741-1806) a partir de uma tela de Pierre-Alexandre Wille (1748-1821). Gravuras obtidas por esse tipo de técnica do século XVIII são bastante raras. The British Museum, Londres.

O corpete, que durante séculos comprimiu o corpo da mulher como roupa íntima, no final dos anos 1990 e no início do século XXI reapareceu para ser mostrado como ponto principal de um traje. Foram inúmeras as grifes que o incluíram em suas coleções. Houve até a adaptação apenas de seus componentes, como barbatanas, ilhoses, fitas ou cordões, na modelagem de blusas e vestidos.

Em março de 2001, o desfile de Dolce&Gabbana apresentou uma releitura do tão usado corpete. Ele foi lembrado pelas três carreiras de ilhoses e cordões, além do recorte sob o busto, combinando com calça de cós baixo e mantô de raposa. Foto de Dinah Bueno Pezzolo.

Em outubro de 1999, Gianfranco Ferrè (1944-2007) usou alcinhas em vez de ilhoses, longa faixa no lugar de cordão e barbatanas, não para dar estrutura a um corpete, mas a um vestido. Nesta releitura, o charme todo ficou na maneira frouxa como o vestido foi fechado. Foto de Dinah Bueno Pezzolo.

SÉCULO XVIII

LINHA DIRETÓRIO

Após um longo período de trajes incômodos e silhueta artificial, as mulheres abandonaram as saias mantidas por armações circulares e libertaram a cintura de torturantes amarrações, para aderir a um movimento renovador da maneira de se vestir. O Diretório, governo do último período da Revolução Francesa (1795-1799), acabou dando nome à nova moda, que indicava trajes sem artifícios, preservando as formas naturais do corpo. A grande inovação, entretanto, foi a cintura alta, moda que se estendeu até bem depois desse período de governo.

No final do século XVIII e no início do XIX, as ilustrações para jornais de moda eram inspiradas nas obras dos grandes pintores da época, como *Madame Barbier-Walbonne* (1796), de Gérard. Musée du Louvre, Paris.

São dessa época dois grupos que talvez tenham sido os pioneiros em releitura de moda: os Incroyables ("Incríveis") e as Merveilleuses ("Maravilhosas", a contrapartida feminina dos Incroyables) eram formados por excêntricos e exagerados, principalmente em relação ao vestuário, e protagonizaram uma nova maneira de interpretar a linha Diretório. Sob sua influência, a corrente francesa de moda foi caracterizada por sua libertinagem e por suas extravagâncias, em contraposição à tristeza propagada pela Revolução Francesa. A França, já vista como ditadora da moda, deixou-se influenciar pelo passado e pela anglomania (proveniente dos trajes trazidos da Inglaterra, com silhueta leve, flexível, natural).

A ilustração (c. 1810-1818) de Horace Vernet (1789-1863) mostra a "cintura à la vítima" – expressão usada na época para designar uma longa echarpe escocesa que contornava as cavas e terminava em nó nas costas, uma anglomania adotada na França.

A figura básica dos Incroyables era reconhecida por algumas características marcantes: casaco curto, colete, gravata gigantesca que parecia esconder o queixo, calças colantes, meias grossas, chapéu enorme, calçado pontiagudo. As Merveilleuses se vestiam (ou se despiam) à grega ou à romana: tecidos leves, transparências e modelagem colante dificultavam a existência de bolsos, razão pela qual as Merveilleuses guardavam seus lenços numa pequenina bolsa em formato de saco fechado por cordão chamada *balantine* (grego) ou *réticule* (francês). Esse tipo de bolsinha é utilizado até hoje, e o nome francês permaneceu. As Merveilleuses usavam calçado fechado pontiagudo ou sandálias com tiras cruzadas acima dos tornozelos. Seus cabelos eram curtos e encaracolados, como nos bustos da Antiguidade clássica.

Dentro da linha Diretório, o apreço pelo passado resgatou trajes gregos e romanos e se inspirou na mitologia, relembrada nas túnicas à Minerva, nos vestidos à Diana. Obra de Boilly (1801); coleção Alain de Rothschild.

Nessa época de florescência da moda, ilustrações elaboradas eram veiculadas em periódicos sobre o tema. O parisiense *Modes et Manières du Jour* publicava ilustrações de Philibert-Louis Debucourt (1755-1832).

Outra ilustração de Debucourt para *Modes et Manières du Jour* mostra a barra de spencers e coletes que também seguiam a linha da cintura determinada na época.

A saia partindo da linha abaixo do busto, a sobreposição de avental, o uso de chapéu atado sob o queixo e os cabelos encaracolados foram evidenciados nas ilustrações de Debucourt para *Modes et Manières du Jour* (1798-1808).

SÉCULO XVIII

O bem-vestir já tinha seus ícones. Uma das figuras mais conhecidas era madame Juliette Récamier, que aos 15 anos se casara com um rico banqueiro. Era a "rainha do Diretório" e, como tal, tinha direito a retratos assinados por grandes artistas como Jacques-Louis David (1748-1825) e François Gérard (1770-1837).

Aqui, o retrato da "rainha do Diretório" assinado por Gérard (1805). Musée Carnavalet, Paris.

Mme. Juliette Récamier ou *Retrato de Juliette* (1800), obra de David. O tipo de sofá em que Juliette – então com 23 anos – se reclina acabou ganhando o nome de "récamier". Musée du Louvre, Paris.

A grande odalisca (1814), de Ingres. Há quem diga que a posição da figura foi inspirada na de Juliette Récamier na tela de David pintada 14 anos antes. Musée du Louvre, Paris.

O gosto pela cintura alta, base da linha Diretório, continuou no início do século XIX, assinalando a Era Napoleônica (1804-1815). A moda era ditada pela Corte, e seus fornecedores tinham, como inspiração, reproduções dos afrescos de Herculano ou de Pompeia, além das esculturas do Louvre. Com o nome de moda Império, caracterizou o período não só na França como em toda a Europa.

A marcante silhueta foi registrada por vários pintores da época, entre eles Jean-Auguste Dominique Ingres, considerado o maior retratista neoclássico do século XIX, que a mostrou em duas importantes obras: *Mademoiselle Rivière* e *Madame Rivière*. Ambas foram apresentadas no Salon de 1806, importante exposição de arte realizada em Paris, e acabaram sendo classificadas como góticas por conta da precisão linear e do acabamento esmaltado à maneira dos góticos primitivos, como Jan van Eyck.

A linha diretório usada por uma adolescente, em *Mademoiselle Rivière* (1806). Musée du Louvre, Paris.

Em *Mademoiselle Rivière*, Ingres não só mostrou a moda da época como também mesclou a delicadeza da adolescência (representada pelo olhar cândido e pelo vestido claro de musseline) com a sensualidade feminina (evidenciada pelos lábios carnudos, pelo boá de arminho e pelas luvas até os cotovelos). A pose de Caroline Rivière lembra as presentes nas obras do renascentista Rafael (1483-1520), a quem Ingres reverenciava.

SÉCULO XVIII

Além da cintura alta, a moda do Diretório era marcada por uma grande variedade de detalhes nas mangas: curtas bufantes, erguidas por drapeados, bufantes no alto e ajustadas até os pulsos, justas por inteiro, longas e com amplidão mantida por faixas, com detalhe em volta das cavas, com babado sobre as mãos... Essas características podem ser vistas não só nos trabalhos de artistas famosos como também nas gravuras de moda da época.

A importância das mangas na linha Diretório é mostrada no autorretrato (1820) de Rolinda Sharples (1793-1838) com sua mãe. Bristol Museum and Art Gallery, Bristol.

Mangas à mameluco – uma das características da moda Império – aparecem na ilustração (*c.* 1810-1818) de Vernet, retratando o estilo Incroyables et Merveilleuses.

Manguinhas curtas, além de cintura alta marcada por faixa, cabelo curto e encaracolado, chapéu, luvas longas e complemento de xales surgem na obra *Mesdemoiselles Mollien* (1811), de Georges Rouget (1781-1869). Musée du Louvre, Paris.

A linha Diretório e suas mangas importantes foram relembradas por Yves Saint Laurent (1936-2008) em 1982. Aquarela de Dinah Bueno Pezzolo.

SÉCULO XIX: MODA E ESTILO

No início do século XIX, os escritores deixaram o estilo clássico – de inspiração greco-romana e que influenciava a literatura até então – para privilegiar o individualismo, o lirismo, o predomínio da imaginação. Essa mudança acabou por influir nas obras de artistas plásticos. A escola estética, surgida de modo paralelo ao romantismo literário, também reagiu contra o classicismo, e tal reação se deu pela liberdade nas composições, pelo colorido. Na moda, a inspiração "antiga", que já havia perdido forças no início do Primeiro Império na França (1804-1814), em 1815 praticamente desapareceu.

As mangas tiveram relevante papel nesse período de moda romântica. Inicialmente, o uso de enchimentos nos ombros foi visto como um retorno à moda do Renascimento. Em seguida, as chamadas "balão", que já haviam sido usadas durante o Império, avolumaram-se de tal forma que passaram a ser chamadas à gigot – mangas presunto, muitas vezes sustentadas por armações metálicas ou forros engomados. No final do século XX, esse tipo de manga voltou a ficar famoso por ter sido usado no vestido de casamento de Lady Diana (1961-1997) com o príncipe Charles (1948-), em 1981.

A cintura, que permanecera alta durante um quarto de século, retomou sua posição normal, mas evidenciada pelo reaparecimento do espartilho. A cintura fina, com corpetes mais compridos, era valorizada por saias mais amplas, sustentadas por anáguas acolchoadas ou bem engomadas. O romantismo na moda também foi marcado pela presença constante de babados que, muitas vezes sobrepostos, contornavam decotes e cavas, valorizando a amplidão das mangas.

Os títulos destas litogravuras (1830) de Achille Devéria (1800-1857) indicavam o horário adequado para usar os modelos mostrados: *9 horas da manhã* e *A tarde*, o que demonstra que mangas volumosas estavam indicadas para qualquer momento do dia. Minneapolis Institute of Arts, Minneapolis.

As mangas presunto aparecem nas pinturas da época, como *Retrato de mulher* (1836), de Ferdinand Georg Waldmüller (1793-1865). Bayerische Staatsgemäldesammlungen, Munique.

SÉCULO XIX: MODA E ESTILO

Valentino aliou a profusão de babados ao romantismo da renda em sua coleção para o inverno 2001. Foto de Dinah Bueno Pezzolo.

Até hoje, a leveza de babados é usada por estilistas que visam enfatizar a delicadeza e o romantismo na moda feminina. Leves e fartos, ou simplesmente ondulados pelo corte sobre fio enviesado, os babados aparecem com certa frequência nas criações de estilistas que veem nesse detalhe uma forma de realçar a feminilidade na mulher.

A austeridade do estilo militar, representada pelo blazer e pelas botas sem salto, foi suavizada pela graciosa saia com babados na criação de Karl Lagerfeld para Chanel em 2001. Foto de Dinah Bueno Pezzolo.

O RETORNO DO ESPARTILHO

O espartilho foi retomado com a volta de roupas que marcavam a cintura em seu devido lugar. Entretanto, ele não retornou com o desumano formato de cone adotado no século XVIII. Com uso facilitado pela invenção do ilhós, o espartilho foi resgatado para sublinhar a cintura e sustentar graciosamente os seios. A peça, montada com barbatanas de baleia ou metálicas, com amarração nas costas, só cairia em desuso no início do século XX, com a invenção do sutiã. O espartilho ganhou tamanha importância no vestuário dos anos 1800 que mereceu destaque em obras de pintores como Henri de Toulouse-Lautrec (1864-1901).

Toulouse-Lautrec destacou, em *Mulher com espartilho* (1896), a peça do vestuário feminino que reinava na época. Musée des Augustins, Toulouse.

Mais de um século depois da obra de Lautrec, por diversas vezes essa peça foi lembrada por designers de moda – não para ficar escondida, mas para ser mostrada. A ideia do corpete ajustado por cordões e ilhoses fez surgir itens nos mais diversos tecidos, para serem usados nas mais diferentes ocasiões. Stella McCartney se valeu de sua feminilidade, apresentando-o em algumas de suas coleções para Chloé.

Em março de 2001, a lembrança do espartilho como peça do vestuário, e não como peça íntima, ganhou aplausos na coleção de Chloé. Foto de Dinah Bueno Pezzolo.

A volta do espartilho no século XIX para realçar a fragilidade da cintura foi seguida pelo advento da crinolina, uma ideia de Charles Frederick Worth (1825-1895) – conhecido como o "pai da alta-costura" – para garantir a amplidão das saias. A crinolina era uma espécie de saiote formado por círculos de aço leve e flexível mantidos por fitas que proporcionavam maior liberdade ao andar, garantindo ao mesmo tempo um volume constante ao vestido (ver "O estabelecimento da moda e o início da alta-costura", mais à frente, neste capítulo).

A propaganda de 1862 mostra o que a moda pedia na segunda metade do século XIX: saia armada pela crinolina e cintura apertada.

Tanto a crinolina quanto o espartilho ressurgiram em desfiles de moda dos últimos anos do século XX. O espartilho, no passado usado sob as vestes, foi valorizado e ostentado de maneira triunfante. A exagerada e incômoda crinolina ganhou as passarelas de nomes como Gianfranco Ferrè e Romeo Gigli (1949-).

Numa releitura da moda criada por Worth na segunda metade do século XIX, Romeo Gigli lembrou a amplidão da saia mantida pela crinolina nesta criação apresentada em Milão, em outubro de 1996. Foto de Dinah Bueno Pezzolo.

Para o verão de 2000, Gianfranco Ferrè também se inspirou nas crinolinas de dois séculos atrás. Foto de Dinah Bueno Pezzolo.

OUSADIA E ATITUDE

Atualmente, a androginia na moda não mais causa espanto – tornou-se uma tendência bem-aceita. Mas, nos anos 1830, era uma postura tão ousada que só uma pessoa muito especial, como George Sand, seria capaz de adotar.

George Sand foi o pseudônimo da romancista francesa Amandine Lucie Aurore Dupin (1804-1876). Ela se tornou conhecida por suas diversas ligações amorosas, entre elas com o pianista e compositor Frédéric Chopin (1810-1849) – relação que durou dez anos – e com o poeta Alfred de Musset (1810-1857) e por desafiar as convenções sociais.

Após nove anos de casamento com o barão Casimir Dudevant (1795-1871), em 1831 resolveu viver em Paris. Com a colaboração de Jules Sandeau (1811-1883), seu amante na época, começou a escrever artigos para o jornal *Le Figaro*. Para tanto, escolheram o pseudônimo de Jules Sand. Esse nome foi mudado em 1832 para George Sand, e, sob esse pseudônimo, Amandine começou a escrever romances que alcançaram grande sucesso. Foi uma figura ímpar: baronesa divorciada, vestindo smoking jacket e fumando charuto em público. Segundo suas palavras, vestida com trajes masculinos não temia absolutamente nada.

O smoking jacket era um traje estranho, cuja função consistia em proteger as roupas de fumantes de charuto e cachimbo. Semelhante a um robe de chambre curto, o smoking, como ficou conhecido, era sempre feito na cor preta. Em 1966, Yves Saint Laurent, talvez inspirado na figura de George Sand registrada na litografia de Gavarni, apresentou pela primeira vez o smoking feminino, com blusa branca transparente e calça masculina.

SÉCULO XIX: MODA E ESTILO

A litografia (*c.* 1838) de Paul Gavarni (1804-1866) mostra George Sand em seu traje masculino, um espanto para a época. Musée George Sand et de la Vallée Noire, La Châtre.

O smoking feminino lançado por Yves Saint Laurent em 1966. Aquarela de Dinah Bueno Pezzolo.

Embora o smoking feminino de Saint Laurent tenha se tornado uma das mais famosas criações do estilista francês, o uso de calças compridas pelas mulheres estava longe de ser novidade na década de 1960: no início do século XX, calças orientais apareciam com frequência nas roupas assinadas por Paul Poiret (1879-1944). Nos anos 1920, Coco Chanel (1883-1871) ditava o uso de calças largas para praia e lazer, sob inspiração dos trajes usados por marinheiros; para a noite, a calça comprida aparecia em seus pijamas de seda, usados com laço na cintura e profusão de colares e pulseiras.

O uso de calças compridas entre o público feminino se firmou após a Segunda Guerra Mundial. Na década de 1950, a chegada do jeans preparou o mercado para a moda unissex dos anos 1960. Entretanto, foi pelo lançamento do smoking de Saint Laurent que o estilo masculino ganhou força, coincidindo com a disputa entre gêneros no mercado de trabalho. Hoje, calças compridas e terninhos vestem a grande maioria das mulheres.

Conjuntos com calças compridas estão sempre presentes na passarela de Giorgio Armani, como este, apresentado na coleção primavera-verão 2001 em Milão. Aquarela de Dinah Bueno Pezzolo.

O ESTABELECIMENTO DA MODA E O INÍCIO DA ALTA-COSTURA

Foi na segunda metade do século XIX que se firmou o termo "moda" como designação de um estilo variável no tempo, proveniente de uma ideia e da influência do meio.

Vários fatores colaboraram para o início da verdadeira moda, parte deles resultante da Revolução Industrial: o surgimento da máquina de costura, o aperfeiçoamento dos têxteis, a invenção da fotografia, a valorização das ilustrações de vestuário, sem esquecer a evolução das classes sociais.

Na tela *Nana* (1877), Edouard Manet (1832-1883) registra, por meio do espartilho azul, a silhueta da época.
Hamburger Kunsthalle, Hamburgo.

Ao mesmo tempo, movimentos em torno da arte – da pintura, em especial – acabaram registrando o modo de se vestir de uma maneira totalmente inovadora. Com o surgimento do impressionismo numa área até então dominada pela escola acadêmica, as figuras mostradas em composições clássicas foram substituídas por cenas inusitadas que mostravam o cotidiano, o modo informal de se vestir, com profusão de cores e sem a preocupação de contornos definidos e detalhes minuciosos (ver capítulo "Século XIX: moda, fotografia e impressionismo").

Nesse período, os lucros gerados pela expansão do Império Britânico e pela Revolução Industrial colaboraram para que a moda londrina também se destacasse. A Inglaterra se esforçava para constituir uma moda nacional, mas a criação de seu vestuário feminino tinha forte inspiração francesa. As revistas inglesas divulgavam as criações parisienses, e seus correspondentes na capital francesa eram orientados a informar sobre as últimas novidades. No entanto, embora as regras básicas da moda fossem ditadas por Paris, a época das cinturas minúsculas ficou conhecida como vitoriana.

Moda em Londres no mês de maio de 1863, documentada em gravura de autor anônimo. Librairie Américaine, Paris.

O período vitoriano e suas volumosas saias certamente serviram como referência a John Galliano, em sua coleção alta-costura Dior, na primavera-verão 2010-2011. Aquarela de Dinah Bueno Pezzolo.

SÉCULO XIX: MODA E ESTILO

E foi pelas mãos de um inglês que teve início o que se chamou de alta-costura. Em meados do século XIX, Charles Frederick Worth, vendedor da loja de departamentos Opigez-Gagelin, em Paris, deu os primeiros passos em sua carreira vitoriosa idealizando uma maneira de manter a amplidão exagerada das saias – acabava de surgir a crinolina. Mas Worth foi além: usou uma vendedora da loja como modelo – fato inédito, pois até então as roupas eram mostradas às clientes em cabides ou expostas em manequins na vitrine. Marie Vernet, primeira modelo e manequim da história, viria a se tornar esposa de Worth.

A Maison Opigez-Gagelin organizou a produção dos vestidos de Worth, que não mais seguia as ordens e o gosto das clientes. Os vestidos passaram a ser criados por Worth; sua imaginação prevalecia. Em 1855, com um vestido criado para uma dama da corte da imperatriz Eugênia (1826-1920), esposa de Napoleão III (1808-1873), Worth obteve o primeiro prêmio na Exposição de Paris. Em 1858, ele abriu um ateliê na rue de la Paix, na capital francesa, e convidou a imperatriz para ver seus vestidos sobre a novidade que eram as modelos de carne e osso.

Este retrato da imperatriz Eugênia, esposa de Napoleão III, feito por Eugène Disdéri (1819-1889), serviu como base para a obra do pintor alemão Franz Xaver Winterhalter (1805-1873). Musée d'Orsay, Paris.

Mas o sucesso foi acontecer mesmo depois de Worth desenhar um vestido para a princesa austríaca Pauline von Metternich (1836-1921), que seria usado em um baile nas Tulherias em 1859. A beleza do modelo chamou a atenção da imperatriz Eugênia, e Worth, além de passar a ser o seu costureiro, tornou-se oficialmente o alfaiate da Corte, o que lhe rendeu grande reputação.

A imperatriz Eugênia, em obra de 1854 de Winterhalter. A obra está desaparecida desde 1871, provavelmente destruída pelo incêndio no Palais des Tuileries, em Paris.

O primeiro vestido para Eugênia foi feito com brocado de seda manufaturado em Lyon. Embora o tecido lembrasse material de cortina, Napoleão a persuadiu a usá-lo, como incentivo à indústria francesa. Por volta de 1864, a Maison Worth abastecia todo o guarda-roupa de noite e de gala de Eugênia.

A pintura de 1864, também de Winterhalter, mostra Eugênia com outra criação de Worth. Château de Compiègne, Compiègne.

A ANQUINHA

Nas décadas de 1860 e 1870, a silhueta feminina foi transformada pelo volume localizado na parte de trás da saia, logo abaixo da cintura. Seria uma reminiscência da moda à inglesa usada no final do século XVIII? Lá, a cintura era fortemente ajustada por corpete com cordões e ilhoses. Na segunda metade do século XIX, a nova imagem da mulher ganhou um outro recurso: a anquinha, espécie de armação de arame que aumentava a parte posterior dos quadris. Os vestidos mostravam saias volumosas, eram luxuosos e até mesmo pomposos – tudo graças à recente invenção da máquina de costura e das novas ideias vindas de grandes costureiros, com destaque para Worth. Gravuras de moda e obras de grandes pintores da época atestam essas transformações.

Ilustração de moda para a revista *The Englishwoman's Domestic Magazine*, 1869.

MODA E ARTE: RELEITURA NO PROCESSO DE CRIAÇÃO

Nesta gravura de 1875, as figuras aparecem de costas, evidenciando o detalhe principal da moda, localizado na parte posterior da saia.

A dama de azul (1874), de Jean-Baptiste-Camille Corot (1796-1875), mostra a silhueta da moda na década de 1870. Musée du Louvre, Paris.

SÉCULO XIX: MODA E ESTILO

Edgar Degas (1834-1917) registrou o uso da anquinha em *Mulher em traje de cidade* (1870). Fogg Art Museum, Cambridge.

Gloria Coelho (1951-), pesquisadora e apaixonada por arte e história, mostrou em janeiro de 2000 um modelo totalmente novo, mas com volume de tecido contido de maneira semelhante ao mostrado na pintura de Degas de 1870. Aquarela de Dinah Bueno Pezzolo.

SÉCULO XIX: MODA, FOTOGRAFIA E IMPRESSIONISMO

A corrente artística surgida na França na década de 1870 e composta principalmente por pintores recebeu o nome de impressionismo não por acaso.

Tudo teve início quando um grupo de jovens artistas, descontentes com a arte acadêmica então em voga, decidiu criar outras maneiras de se expressar. Uma primeira exposição mostrou o resultado dessa pesquisa. Os que a viram ficaram impressionados: segundo os críticos da época, não se tratava de pinturas, mas de impressões de quadros.

O movimento propunha a troca dos ateliês iluminados artificialmente por ambientes externos, onde a natureza se mostrava com uma impressionante gama de cores realçadas pela luz do sol. O recurso do contraste e o uso de cores fortes serviam para evidenciar a incidência da luz. Os franceses Edgar Degas, Claude Monet, Edouard Manet e Pierre-Auguste Renoir (1841-1919) foram os pintores impressionistas mais importantes. Posteriormente, o movimento se espalhou pelo restante da Europa.

Impressão, sol nascente (1872), de Monet, deu origem ao nome usado para definir o movimento impressionista. A obra mostra uma paisagem do Havre e foi exibida na primeira exposição impressionista de 1874. Musée Marmottan Monet, Paris.

Retrato de madame Charles Max (1896), de Boldini. Musée d'Orsay, Paris.

Enquanto os impressionistas registravam os efeitos da luz solar nas cores da natureza, pintores retratistas se ocupavam de satisfazer a uma burguesia ávida por ver na tela sua própria imagem, um velho privilégio da nobreza e dos eclesiásticos. Muitas vezes, o burguês se contentava em ter o registro feito por um fotógrafo – como Eugène Disdéri, já citado no capítulo anterior –, mas, quando suas posses permitiam, a vaidade indicava o trabalho de um pintor.

No entanto, alguns destes, fiéis ao próprio estilo, acabavam produzindo telas demasiadamente parecidas. Um exemplo é Giovanni Boldini (1842-1931). Nascido em Ferrara, na Itália, Boldini se estabeleceu em Paris em 1871. Na capital francesa, retratou inúmeras damas da sociedade, sob influência do *art nouveau* (1890-1914) (ver capítulo: "Belle Époque: movimentos").

Retrato de madame Henry Lehr (1905), de Boldini. The Preservation Society of Newport County, Newport.

SÉCULO XIX: MODA, FOTOGRAFIA E IMPRESSIONISMO

As telas de Boldini mostravam semelhança na postura, na posição das mãos e dos pés e até na maneira de segurar a saia. Suas pinceladas mostraram a moda da época: grandes decotes, cintura ajustada e saia ampla com caimento natural, livre de qualquer tipo de armação. Os acessórios também foram documentados: longo colar de pérolas, flores, broches, anéis, pluma como cinto e calçado com bico fino.

Analisando as pinturas da época, nota-se que elas revelavam muito mais do que a aparência pessoal. O posicionamento social do retratado surgia por meio das vestimentas usadas, dos acessórios e dos penteados. Assim, a produção de um retrato ocorria sob muito cuidado: roupas, cabelo, joias, postura e até detalhes do ambiente eram minuciosamente analisados.

No *Retrato da princesa de Broglie* (1853), de Ingres, a importância da moda apresentada na tela, o brilho do cetim, a delicadeza da renda, o penteado esmerado e as joias despertam a atenção. O tecido adamascado que reveste a poltrona, o xale e a luva branca reforçam a informação referente ao posicionamento social da jovem. The Metropolitan Museum of Art, Nova York.

A fotografia, que havia sido lançada ao público em 1842, nas décadas de 1860 e 1870 se popularizou. Cada vez mais disseminada, ela não só substituiu muitas das pinturas (em alguns casos, as imagens "congeladas" nas fotos eram passadas para as telas) como também as criações artísticas. Os pintores, valorizando sua arte, encontraram nas cores e na luz maneiras de diferenciar suas pinceladas das populares fotografias.

Assim, embora muitas vezes esses artistas utilizassem as fotos como referência, o trabalho meticuloso sobre a tela, as horas dedicadas à arte e o valor individual dos pintores faziam das obras uma expressão artística muito além do registro fotográfico. A moda se transformou em arte nas imagens assinadas por grandes nomes, e a arte, por consequência, acabou se tornando referência privilegiada da moda.

Princesa Pauline von Metternich (1865), de Degas, foi uma das primeiras pinturas copiadas diretamente de uma fotografia – no caso, a foto feita por Disdéri. The National Gallery, Londres.

A princesa austríaca Pauline von Metternich e seu esposo austro-húngaro, embaixador em Paris, fotografados por Disdéri, em 1860. O casal utilizava essa foto como cartão de visita, um hábito no século XIX.

SÉCULO XIX: MODA, FOTOGRAFIA E IMPRESSIONISMO

Na tela que mostra a princesa Pauline de Metternich, Degas usou cores, diferentemente da foto original em preto e branco. Como fundo, preferiu criar um papel de parede discreto, com motivo floral. Eliminou o esposo, que aparece na foto, e para a blusa da princesa usou um tom mais claro que o do papel ao fundo. Ele seguiu fielmente o alto contraste de tons entre face e cabelos, uma característica da fotografia. Degas deixou claro em sua obra que não pintou Pauline von Metternich; ele pintou uma fotografia dela. A princesa Pauline é lembrada na moda como a pessoa que colaborou para o verdadeiro impulso na carreira de Charles Frederick Worth – o "pai da alta-costura", como citado no capítulo "Século XIX: moda e estilo".

Em várias de suas obras mais conhecidas – como as que mostram bailarinas –, Degas lançou mão de elementos típicos da fotografia: a possibilidade de capturar um movimento de um instante preciso e o enquadramento e a escolha de ângulos incomuns. Em *A espera*, Degas, de um ângulo superior, registrou o momento exato em que a jovem bailarina se inclina para arrumar a sapatilha. A mulher vestida de negro sentada ao lado, usando chapéu e segurando uma sombrinha, parece nada ter a ver com a jovem.

A espera (1882), de Degas. The J. Paul Getty Museum, Los Angeles.

Para a famosa *Primeira bailarina*, Degas também escolheu o ponto de vista mais elevado. Além de mostrar a figura principal vista de cima, com a cabeça jogada para trás, braços abertos e a perna de apoio saindo sob as camadas de tule, marcou a presença de outras bailarinas atrás do cenário, esperando o momento de entrar em cena. Não faltou a presença masculina nos bastidores, assinalada pelo traje escuro.

Primeira bailarina (1878), de Degas. Museu d'Orsay, Paris.

SÉCULO XIX: MODA, FOTOGRAFIA E IMPRESSIONISMO

Depois de mais de um século, bailarinas imortalizadas nas obras de Degas têm servido de inspiração aos criadores de moda. Tutus esvoaçantes, cinturas ajustadas e o complemento de sapatilhas de tempos em tempos aparecem nas mais diversas passarelas, mesclando certo ar de inocência com tendência romântica e, o principal, comprovando a releitura feita no universo da dança.

Saias esvoaçantes de tule e sapatilhas foram marcantes na passarela de Chloé, para a primavera-verão 2011. Aquarela de Dinah Bueno Pezzolo.

FOTOS, GRAVURAS E TELAS

Não só as fotografias serviam de inspiração para as obras dos impressionistas na segunda metade do século XIX. Gravuras de moda e até mesmo telas de outros pintores constituíam referências para uma recriação. Na maioria das vezes, os trajes eram simplesmente reproduzidos; em outras, o artista mudava a imagem original, usando a imaginação. De toda maneira, as obras de pintores famosos documentam a moda então usada.

Les modes parisiennes, gravura de 30 de junho de 1863. Bibliothèque des Arts Décoratifs, Paris.

Degas documentou a moda usada em 1863, na imagem de sua irmã, Thérèse de Gas (1840-1912). Musée d'Orsay, Paris.

SÉCULO XIX: MODA, FOTOGRAFIA E IMPRESSIONISMO

Ensaio fotográfico de Disdéri. As poses, assim como a moda, serviam como base para os pintores da época. Musée d'Orsay, Paris.

Monsieur e madame Scaramanga em foto de Disdéri (1863). O amplo xale preto com borda rendada e o chapéu mantido por laço na frente também apareceram em gravuras de moda da época e nas telas de impressionistas. Musée d'Orsay, Paris.

Muitas vezes, o traje de uma mesma figura, pintada por dois pintores, ganha interpretações diferentes, de acordo com as situações mostradas. Essa diferença pode ser observada nas obras de Degas e do acadêmico Jean-Jacques Henner (1829-1905), em suas telas *Madame Jeantaud*, ambas de 1875.

Na tela de Henner, a figura parada de madame Jeantaud ganhou roupagem clássica, formal, própria de um retrato posado. Petit Palais – Musée des Beaux-Arts de la Ville de Paris, Paris.

Degas mostra madame Jeantaud quando, ao sair, usando agasalho e com as mãos protegidas num regalo, dá uma última olhada no espelho. Embora a cena indique movimento, a imagem refletida se mostra estática como em um retrato, apresentando o rosto de frente. Musée d'Orsay, Paris.

SÉCULO XIX: MODA, FOTOGRAFIA E IMPRESSIONISMO

A pintura impressionista é o registro de um momento, com contornos imprecisos, em que a luz e o movimento são fundamentais. A pintura acadêmica segue os padrões de beleza da Academia de Belas Artes, com nítida imitação dos clássicos, ou seja, dos renascentistas, como Jan van Eyck, Leonardo da Vinci e Michelangelo.

As gravuras não só serviam como fonte de informação, mas também eram reproduzidas em sua totalidade. Algumas vezes, obras executadas num mesmo ano podem gerar dúvida a respeito de cópias. Observando-se que na segunda metade do século XIX eram comuns telas elaboradas a partir de fotos e baseadas em gravuras de moda, não é de estranhar que telas reproduzam gravuras de moda em todos seus detalhes. É o que pode ser observado em *La promenade*, de Paul Cézanne (1839-1906), e na gravura de *La mode illustrée*, ambas de 1870. A obra de Cézanne é quase uma réplica da imagem de *La mode illustrée*: posição dos corpos, cabeças, braços e mãos, maneira de erguer a saia e de gesticular com a sombrinha. Também foram copiados os modelos dos vestidos e dos chapéus e até a vegetação que completa a cena. Cézanne talvez tenha encontrado nas gravuras composições mais modernas do que as mostradas na arte clássica, da qual os pintores da época queriam se distanciar.

A gravura *La mode illustrée* (1871).

La promenade (1871), de Cézanne, realizada a partir de gravura de moda. Coleção particular.

Nessa época, acessórios como sombrinha e chapéu eram constantes tanto nas fotos quanto nas gravuras e pinturas. O chapéu preto, em especial, entrava na composição de retratos, realçando perfil e tom da pele, mas acabava destacando semelhança entre as obras.

A vienense (c. 1880). Neste retrato de Irma Brunner, Manet se valeu do contraste do chapéu para evidenciar a linha do perfil. Museu d'Orsay, Paris.

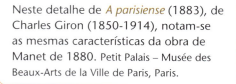

Neste detalhe de *A parisiense* (1883), de Charles Giron (1850-1914), notam-se as mesmas características da obra de Manet de 1880. Petit Palais – Musée des Beaux-Arts de la Ville de Paris, Paris.

MODA COMO OBJETIVO

Expressar textura, peso, brilho e cores de tecidos por meio da arte já era a intenção de precursores do impressionismo no final do século XVIII. Basta olhar as telas de Fragonard, que, para alcançar seu objetivo, seguia os passos de mestres holandeses do século XVII, como fica evidente em sua tela *O beijo roubado*.

No impressionismo, é patente a intenção do artista em mostrar a moda do momento. Certas obras chamam a atenção não só para a silhueta e para as modelos como também para os tipos de tecido. É o caso de *Mulheres no jardim*, de Claude Monet. Para que os vestidos aparecessem de forma clara, as figuras foram dispostas separadamente, até mesmo em poses pré-estudadas, sem qualquer indício de entrosamento. Tanto as posições quanto os espaços entre as figuras favorecem a visualização dos modelos. Uma de frente, outra de lado e uma terceira de costas integram uma composição montada para mostrar os vestidos da melhor forma possível.

Monet usava com muita frequência sua primeira esposa, Camille Doncieux (1847-1879), como modelo para suas telas. (Camille foi sua modelo favorita; ela posou também para Renoir e Manet.) Em *Mulheres no jardim*, ele segue o estilo das gravuras de moda da época, usando a imagem de Camille nas figuras a seguir. O vestido com bolinhas ao fundo da composição também aparece em sua tela *Almoço na relva*. Isso não indica que Camille fosse proprietária do vestido, sendo mais coerente pensar tratar-se de cópia de alguma gravura de moda.

Quando Monet retratou o cotidiano burguês de quatro senhoras em *Mulheres no jardim* (1866-1867), desenhos de sutache preta sobre o tecido branco eram a grande moda, de modo que o vestido mereceu o primeiro plano na composição. O traje de bolinhas, ao fundo, já tinha aparecido em outra tela sua, *Almoço na relva*. Musée d'Orsay, Paris.

Almoço na relva (1865-1866), de Monet. O vestido de bolinhas que aparece ao fundo de *Mulheres no jardim* aqui ocupa o espaço central. Esta imensa tela (4,6 metros de altura por pouco mais de 6 metros de comprimento) encontra-se incompleta no Musée d'Orsay, em Paris. Após a pintura ter sido danificada pela umidade, Monet a dividiu em três partes. As partes da esquerda e central estão nesse museu, e a terceira foi perdida. Entretanto, há um estudo completo da obra no Pushkin, museu localizado em Moscou.

SÉCULO XIX: MODA, FOTOGRAFIA E IMPRESSIONISMO

Em artigo sobre o período do impressionismo, o professor de história da arte da Universidade de Massachusetts Mark Roskill (1970) afirma que, nessa época, França e Inglaterra dedicavam espaço especial à moda feminina nas páginas de suas revistas, entre elas *La Mode Illustrée, Le Monde Elégant* e *Le Petit Courrier des Dames*. Essas publicações traziam, no mínimo, uma página com ilustrações coloridas de mulheres com trajes do momento, em ambientes internos ou externos. As ilustrações mostravam ideias prematuras e tendências – o que comprova serem fruto de imaginação popular – e contribuíram para a criação do vestuário de figuras mostradas pelos pintores.

A influência das gravuras de moda sobre as pinturas se deu não só pelos modelos apresentados, mas principalmente também pelas novas poses. Monet também se valeu delas e chegou a ser criticado pelas posições incomuns mostradas em suas telas. Esse tipo de observação teve início quando pintou *O vestido verde*, em que a pose lembra muito uma gravura mostrada na *Le Monde Élegant* de fevereiro de 1866. O que importava à Monet era participar do Salão de 1866 e, para sua felicidade, a obra *O vestido verde* foi aceita e elogiada – e acabou sendo premiada.

As novas poses e a moda registrada por Monet em *O vestido verde* (1866) demonstram influência das ilustrações publicadas em revistas da época.
Kunsthalle Bremen, Bremen.

MODA INFANTIL NA PINTURA IMPRESSIONISTA

As roupas usadas pelas crianças aparecem em diversas obras do impressionismo. Em *A família Bellelli*, Degas registrou um momento triste: o quadro mostra o barão Bellelli e sua esposa, Laura, cujo pai falecera quando Degas dava início a esse retrato coletivo. O fato explica as roupas negras usadas tanto por Laura quanto por suas filhas. Poucos anos depois, Renoir mostrou a senhora Charpentier e as filhas em um momento de descontração, em casa.

Degas sempre procurou registrar o estado emocional dos personagens. *A família Bellelli* (1859-1860) mostra um momento de luto. Musée d'Orsay, Paris.

A senhora Charpentier e suas filhas (1878), de Renoir. The Metropolitan Museum of Art, Nova York.

SÉCULO XIX: MODA, FOTOGRAFIA E IMPRESSIONISMO

Renoir também retratou a moda infantil. Rendas, babados e fitas aparecem nas telas, mostrando como as crianças eram vestidas no dia a dia. O vestuário se revela pouco prático para brincadeiras ou momentos de lazer.

Menina com arco (1885), de Renoir, apresenta uma moda infantil com roupas pouco adequadas para brincar. National Gallery of Art, Washington.

Para os dias frios, casaco com aplicação de rendas. *Menina com regador* (1876), de Renoir. National Gallery of Art, Washington.

AS VALSAS DE RENOIR

Os grandes bailes e as grandes valsas trouxeram inovações para a moda feminina, especialmente em relação aos tecidos. A evolução da dança, a leveza dos passos, os rodopios pediam tecidos leves e delicados como o organdi e a musselina de seda. A diferença entre o delicado vestuário das damas e a clássica e austera moda masculina, geralmente negra, constituía outra particularidade do vestuário que punha em destaque os casais enquanto bailavam.

Na moda feminina, franzidos, drapeados, pregas e babados – tudo o que se associava à fartura de tecido – era reservado para evidenciar o movimento posterior da saia. Muitas vezes o modelo incluía também uma pequena cauda, como ficou registrado em *Dança na cidade*, de Renoir. O cavalheiro, usando casaca e luvas brancas, conduz a parceira vestida de maneira esmerada: modelo vaporoso com grande decote e saia com franzidos e sobreposição de tecidos. Em *Dança no campo*, Renoir mostrou a diferença do vestuário usado numa ocasião menos formal. O cavalheiro, de azul-escuro e sem luvas, conduz a dama com pequeno chapéu preso ao pescoço, vestido com estampa floral e movimento de drapeado e babados valorizando a parte posterior da saia.

Renoir evidenciou, em duas obras de 1883, a moda feminina e a diferença do vestuário nas diferentes ocasiões: *Dança na cidade* (à esquerda) e *Dança no campo* (à direita). Musée d'Orsay, Paris.

NAS TELAS, O PERFIL DA MODA

Nos anos 1880, o uso da anquinha era o responsável pela silhueta com curvatura acentuada na região lombar. Jean Béraud (1849-1935), em *La baignoire*, evidencia não só o volume na parte de trás da saia, com seu drapeado e a sobreposição de tecidos, como também o perfil que a moda pedia.

Blusa bem justa, gola fechada e volume posterior da saia realçado por pregas e tecido drapeado. *La baignoire* (1883), de Jean Béraud. Musée Carnavalet, Paris.

A silhueta imposta pela moda era de tal importância que pintores da época faziam questão de evidenciá-la em suas telas. Georges Seurat (1859-1891), pioneiro do movimento pontilhista, que acabou originando o neoimpressionismo, fez inúmeros estudos em torno da figura feminina para sua tela *Tarde de domingo na ilha de Grande Jatte*.

Nos estudos coloridos, Seurat continuou a evidenciar as formas impostas pela moda. The Museum of Modern Art (MoMA), Nova York.

Num estudo preliminar para *Tarde de domingo na ilha de Grande Jatte* (1884-1885), Seurat utilizou *crayon* sobre papel. Nele, nota-se sua preocupação maior: o movimento da saia com volume na parte posterior. The Museum of Modern Art (MoMA), Nova York.

Tarde de domingo na ilha de Grande Jatte (1884-1885). Em primeiro plano, Seurat mostra a silhueta vista na tela *La baignoire*, de Béraud. The Art Institute of Chicago, Chicago.

SÉCULO XIX: MODA, FOTOGRAFIA E IMPRESSIONISMO

No final do século XIX, Toulouse-Lautrec tinha como tema principal de suas pinturas a vida boêmia parisiense e o ambiente do Moulin Rouge e outros cabarés de Montmartre. Cenas de bailes e reuniões festivas foram eternizadas nas pinceladas de Toulouse-Lautrec. Ele, possivelmente influenciado pela fotografia, registrou não só o ambiente como também a moda e o uso da anquinha.

Em *Baile no Moulin Rouge* (1890), Toulouse-Lautrec mostra a moda da época em primeiro plano, incluindo detalhes como chapéu volumoso e boá de pele. Philadelphia Museum of Art, Filadélfia.

Toulouse-Lautrec pintando *Baile no Moulin Rouge* em seu ateliê. Foto atribuída a Maurice Guibert (1856-1913).

Na segunda metade do século XX, a silhueta que fora conseguida pelo uso da anquinha foi lembrada por Jacques Griffe, "filho espiritual de Madeleine Vionnet e depositário de sua técnica" (Deslandres & Muller, 1986, p. 213).

O modelo criado em 1952 por Griffe lembra a silhueta eternizada pelas obras de vários pintores impressionistas.
Aquarela de Dinah Bueno Pezzolo.

SÉCULO XIX: MODA, FOTOGRAFIA E IMPRESSIONISMO

Em 1986, Yamamoto também reviveu a silhueta que fora grande moda no século XIX. Aquarela de Dinah Bueno Pezzolo.

BELLE ÉPOQUE: MOVIMENTOS

Até o ano de 1900, os ditames da moda perduravam por anos, chegando a atravessar séculos. Volumes, tecidos suntuosos e excesso de detalhes que compuseram o vestuário complicado dos séculos anteriores ao XX podem hoje ser vistos em obras deixadas por grandes artistas. Essas pinturas e ilustrações também documentam a simplificação da moda em decorrência das mudanças de hábitos, da modernização da sociedade e da inclusão do esporte na vida da mulher.

A amazona (1906), pintura de Ettore Tito (1859-1941). Museo Raccolte Frugone, Gênova.

"À la chasse, monsieurs!" Traje de caçadora, na ilustração de George Roux (1850-1929) para a capa de *Figaro Illustré*, número especial "A caça", outubro de 1895.

A figura da amazona do final do século XIX e do início do XX, com casaco ajustado, saia longa, chapéu, botas e luvas, foi lembrada por John Galliano para Dior. Não faltou o chicote como item importante na passarela de Galliano, que marcou sua passagem pela Maison Dior com apresentações de looks inesperados.

Uma das amazonas de Galliano, para Dior, numa releitura da Belle Époque. Coleção alta-costura, verão 2010. Aquarela de Dinah Bueno Pezzolo.

Para a prática do ciclismo, as mulheres usavam, sem constrangimento, bloomers ou calças turcas, que haviam surgido em 1894, como prova a ilustração de moda publicada na *Harper's Bazaar* em abril daquele ano. Esse ato audacioso para a época foi registrado pelo impressionista Jean Béraud em 1900.

Ilustração de moda assinalando o uso de bloomers foi publicada na *Harper's Bazaar* em abril de 1894.

O uso desse tipo de calça por mulheres para a prática do ciclismo está documentado na tela *Le chalet du cycle au bois de Boulogne* (1900), de Béraud. Musée Carnavalet, Paris.

EMANCIPAÇÃO DA MODA ITALIANA PELA ARTE

Enquanto Paris era referência absoluta em vestuário feminino e Londres se mantinha soberana no masculino, a Itália, entre o final do século XIX e o início do século XX, empenhava-se para estabelecer uma moda própria. Em 1872, em Roma, foi fundada a Sociedade Italiana pela Emancipação da Moda, visando se tornar independente das regras ditadas por franceses e ingleses.

É incontestável a contribuição de fatores ligados à arte no desenvolvimento da moda italiana. Em 1889, o artista e costureiro Mariano Fortuny (1871-1949), morador de Veneza, inventou o famoso plissado Fortuny, inspirado nas túnicas gregas (ver capítulo "Belle Époque: criadores e criações"). No entanto, somente com a participação de artistas ou criações baseadas em obras de arte a moda italiana não se desenvolveria a ponto de enfrentar os ditames de Paris e Londres.

No momento certo, a estilista italiana Rose Genoni (1867-1954), que possuía experiência de trabalho na França, propôs a reorganização da indústria do vestuário em seu país, por meio de soluções mais modernas.

Numa época em que os ateliês na Itália reproduziam modelos parisienses sob encomenda de suas clientes, Genoni, de maneira ousada, utilizou somente tecidos nacionais para criar uma coleção inspirada na tradicional arte pictórica italiana. Ela obteve grande sucesso na Exposição Internacional de Milão, em 1906, com a apresentação de uma roupa feminina inspirada na obra *Primavera*, de Sandro Botticelli (1445-1510). O traje era delicadamente florido, em tons de rosa pálido, e enfeitado com pequenas pérolas e *paillettes*. Com essa criação, Rose Genoni conquistou o grande prêmio na seção de artes decorativas.

Primavera (1485-1487), de Botticelli. Galleria degli Uffizi, Florença.

A Bienal de Veneza, cuja primeira edição aconteceu em 1895, foi a primeira instituição representativa da evolução da arte. Ela possibilitou aos artistas enviarem seus trabalhos para uma pré-avaliação feita por uma comissão. Apesar do empenho, o interesse pelas transformações e pelas modernizações artísticas se mostrou irrelevante nos primeiros dez anos. Para a Bienal de 1910 foram convidados nomes de peso, como Gustav Klimt (1862-1918) e Pierre-Auguste Renoir. No entanto, somente em 1926, com a inclusão de uma sala para futuristas, os representantes vanguardistas tiveram oportunidade de expor seus trabalhos.

Acerca do futurismo, vale lembrar o nome do italiano Giacomo Balla (1871-1958), pintor, escultor, cenógrafo e designer que, depois da publicação de vários manifestos sobre a pintura futurista, assinou quadros em que as formas geométricas foram levadas aos limites da abstração. No início do século XX, Balla se dedicou à pesquisa em torno de arte e moda, tendo desenhado roupas, além de produzir tapetes, vasos e luminárias.

No campo do vestuário, Balla é lembrado por sua contribuição a favor da modernização dos trajes. Em setembro de 1914, ele lançou seu cartaz *Il vestito antineutrale*. Nele, o artista italiano opina que as roupas futuristas deviam ser simples, confortáveis, higiênicas, assimétricas, com desenhos e cores fortes, luminosas e de baixa durabilidade, para permitir renovação constante. Além disso, essas roupas deveriam possibilitar variação por meio da inclusão de detalhes presos por botões, para que qualquer pessoa pudesse inventar um novo vestido a qualquer momento.

Na já citada Exposição Internacional de Milão, em 1906, e em Turim, no ano de 1911, ficou confirmada a ligação da moda italiana com a arte e também com a indústria, com a comunicação e com a pesquisa social. Assim, a cultura contemporânea foi enriquecida com a participação de novos atores.

Mesmo com esse empenho em estabelecer e seguir regras próprias, a moda italiana estava atrelada às transformações históricas vividas em todo o mundo. Crescimento industrial, movimentos artísticos, mudanças dos hábitos ocasionadas principalmente pelas duas guerras mundiais, o surgimento de novos materiais, a luta pela independência feminina e a influência por meio da comunicação de massa fizeram com que a indústria de moda na Itália se aprimorasse muito para alcançar seu objetivo: ser reconhecida internacionalmente. Além do poder criativo, a qualidade dos tecidos e o esmero no corte e na confecção contribuíram de forma decisiva para o reconhecimento tão aguardado.

O *Made in Italy*, que rapidamente conquistou o mundo, surgiu somente nos anos 1970 e 1980, por meio de um prêt-à-porter ligado às vanguardas artísticas e aos mais diversos movimentos culturais do momento. Hoje, fazem parte da cultura mundial nomes-símbolos da época em que vivemos: Armani, Prada, Dolce&Gabbana, Fendi, Valentino, Missoni, Versace, Gucci, Krizia, Moschino.

O *ART NOUVEAU*

Entre 1890 e a Primeira Guerra Mundial (1914-1918), surgiu uma nova forma de expressão artística, caracterizada por curvas sinuosas inspiradas em formas orgânicas (caules, folhas, flores, insetos). Com o nome de *art nouveau* ("arte nova"), o estilo foi direcionado inicialmente ao design e à arquitetura, mas acabou influenciando as artes plásticas. O *art nouveau* foi o primeiro movimento artístico a se adequar à moda, com prioridade ao design, e acabou marcando a Belle Époque.

As gravuras de moda íntima enfatizavam a silhueta em forma de S (1905).

Naqueles tempos, a Segunda Revolução Industrial ditava regras na Europa, indicando a utilização de novos materiais, entre eles o ferro e o vidro, que passaram a evidenciar o novo estilo em portas, janelas, grades e portões de ferro fundido, além de vitrais, vasos, luminárias. Quem é que pode negar a beleza dos vasos de vidro com linhas sinuosas criados por Émile Gallé (1846-1904)? E o que dizer dos assinados por Louis Tiffany (1848-1933)?

Propagandas e gravuras de moda ganharam visuais diferenciados. Nova tecnologia na área gráfica fez surgir a litografia colorida, que valorizou ainda mais os cartazes criados por Henri de Toulouse-Lautrec. No corpo da mulher, as curvas do estilo artístico foram reduzidas ao formato de um S – tórax projetado para a frente, quadris para trás, cintura e ventre comprimidos pelo espartilho, além de um apoio bastante incômodo para sustentar os seios. A moda na intimidade e nas ruas ficou registrada em desenhos, fotos e obras de pintores da época.

Nesta gravura de moda publicada no *Journal des Demoiselles* em julho de 1907, nota-se o formato em S da silhueta da época.

A propaganda veiculada na *Ladies Magazine*, em 1909, mostrava, além da cintura apertada, o quadril projetado para trás.

Na composição desta foto, de 1901, foram usados os mesmos elementos que aparecem nas gravuras de moda da época. Foto de Reutlinger para *Les Modes*.

As grandes transformações culturais, que se estendiam à nova maneira de pensar e viver, eram refletidas na moda por uma simplificação dos trajes, embora as formas femininas permanecessem e até ganhassem realce: ombros valorizados, cintura fina e saia ampla com bainha no meio da perna – exatamente a silhueta-símbolo da primeira coleção assinada por Christian Dior em 1947, batizada de New Look por Carmel Snow (1887-1961), editora da *Harper's Bazaar* norte-americana.

Os trajes de uso diurno foram se simplificando. *Le trottin* (1906), de Béraud. Musée Carnavalet, Paris.

Jour de vent, Place de la Concorde (início do século XX), também de Béraud. Coleção particular.

A imagem do "Tailleur Bar", símbolo do New Look de Dior, assinalou a volta da elegância feminina, em 1947, e determinou o padrão da década de 1950. Aquarela da Dinah Bueno Pezzolo.

A silhueta mostrada por Béraud em *La modiste sur les Champs Elysees* (início do século XX) foi lembrada por Dior em meados do século XX.

A imagem lançada por Dior voltou à passarela da famosa grife em meados de 2012 – desta vez como cartão de visitas do belga Raf Simons (1968-), que substituiu John Galliano. O novo estilista da Dior deixou a grife alemã Jil Sander, que se caracteriza pelo minimalismo, para assumir um cargo de extrema importância na costura francesa e mundial. Após Christian Dior, falecido em 1967, o lugar pertencera a Yves Saint Laurent, a Marc Bohan (1926-), a Gianfranco Ferrè e, nos últimos tempos, a Galliano. Para sua estreia, Simons optou pela linha ampulheta – cintura fina e saia ampla. A silhueta que marcou Dior e que, décadas antes, fora mostrada nas telas de Béraud continuou viva, como tendência de moda no séc. XXI.

Embora a silhueta feminina sofra transformações idealizadas por estilistas, a superfeminina batizada em 1947 como New Look ressurge de tempos em tempos. Este modelo integrou a primeira coleção de Raf Simons para a Maison Dior (inverno 2012-2013). Aquarela de Dinah Bueno Pezzolo.

Após 1910, um movimento modernista instigou a imaginação da época, levando a crer que grandes avanços tecnológicos certamente chegariam até o final do século. Essa onda futurista foi sentida na criação de designers em geral e acabou colaborando para o aparecimento do *art déco*, nos anos 1920. Na década de 1960, esse futurismo voltou fortemente motivado pela corrida espacial, influenciando de forma expressiva a criação de moda (ver capítulo "Século XX: criadores e criações").

JAPONISMO

Diversos aspectos do *art nouveau* indicam referências orientais. É possível notar essa influência na área têxtil e na criação de modelos, joias e acessórios. Na estampa de tecidos, os motivos florais provenientes do Japão inspiraram o comerciante inglês Arthur Liberty (1843-1917) na criação das estampas Liberty, até hoje usadas.

Manet enriqueceu o fundo de sua obra *Retrato de Émile Zola* (1868) com um biombo e uma gravura de Toyokuni (1769-1825), famoso mestre da pintura e da xilogravura japonesas. Musée d'Orsay, Paris.

A concepção plástica nipônica começou a movimentar o meio artístico europeu após 1854, quando o país asiático abriu um canal comercial internacional. O chamado japonismo se desenvolveu dos anos 1880 até a década de 1920 e se constituiu no primeiro registro de participação formal de culturas diferentes no campo da arte.

O estilo original de artistas japoneses, caracterizado por ausência de profundidade, cores chapadas e assimetria, foi apresentado nas Exposições Internacionais em Londres e Paris (1862, 1867 e 1878). A mostra teve boa acolhida por parte dos artistas europeus, e os motivos nipônicos se tornaram uma paixão: tecidos, ilustrações, gravuras de moda e cerâmicas serviram de inspiração a muitos pintores, como Edouard Manet, Paul Gauguin (1848-1903) e Vicent van Gogh (1853-1890).

Van Gogh incluiu gravuras japonesas como fundo (ver o detalhe) em seu *Retrato do Pai Tanguy* (1887). Musée Rodin, Paris.

Nos ateliês dos impressionistas não faltavam elementos para compor ambientes relacionados ao Japão: jarros, porcelanas, gravuras, biombos, leques e quimonos. Monet foi mais adiante na onda do japonismo: vestiu sua esposa, Camille, com um quimono vermelho, bordado com fios de seda, numa pose de verdadeira gueixa, e retratou-a num ambiente decorado com leques.

Camille Monet com traje japonês (1876), de Monet. Museum of Fine Arts, Boston.

BELLE ÉPOQUE: MOVIMENTOS

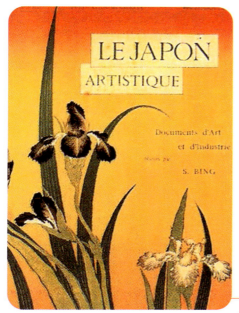

Artistas que se dedicavam às gravuras também foram influenciados pelo japonismo. A partir de então, houve grande desenvolvimento da arte do cartaz, com destaque para Henri de Toulouse-Lautrec.

Siegfried Bing reuniu documentos incluindo gravuras que atestam a influência oriental no art nouveau no livro Le japon artistique: documents d'art et d'industrie (Paris: Marpon & Flammarion, 1888).

No cartaz Divã japonês (1893), Toulouse-Lautrec utilizou traços em diagonal, contraste de cores, silhuetas curvilíneas e ausência de profundidade na composição, o que indica sua inspiração em estampas japonesas. Petit Palais – Musée des Beaux-Arts de la Ville de Paris, Paris.

Nas gravuras de moda, o Oriente muitas vezes deixou vestígios no design dos modelos ou até na composição da figura. Gravuras de 1914 assinadas por George Barbier (1882-1932) demonstraram essa influência. Nos anos 1920, Barbier utilizou motivos orientais como fundo para um modelo de linhas retas assinado por Charles Frederick Worth.

Desenho de Barbier para *Modes et Manières d'Aujourd'hui* (1914). A influência oriental foi marcada na estampa do tecido e na composição da gravura.

No início da década de 1920, arabescos orientais coloridos contrastam com as linhas retas da criação de Worth. Barbier para a *Gazette du Bon Ton* (1921).

Os quimonos também foram lembrados por Paul Poiret. Com uma coleção inspirada nessa tradicional vestimenta japonesa, Poiret decretou a moda feminina baseada em formas amplas e confortáveis, libertando a mulher dos incômodos espartilhos. Túnicas leves, quimonos, calças orientais e plumas para o cabelo apareciam com frequência em suas criações.

O japonismo na versão de Mori para a coleção de março de 1999, apresentada em Nova York. Foto de Dinah Bueno Pezzolo.

O japonismo, entretanto, não se restringiu à sua proximidade com o *art nouveau*. Vez por outra a influência oriental é notada em coleções ocidentais atuais, principalmente por parte de mestres japoneses como Kenzo (1939-), Issey Miyake (1938-), Yohji Yamamoto, Hanae Mori (1926-) e mesmo Rei Kawakubo (1942-) e Junya Watanabe (1961-), da Comme des Garçons. Orientais, mas trabalhando no campo da moda ocidental, valem-se dessa oportunidade para influenciar as tendências mostradas em passarelas.

O Japão está sempre presente nas criações de Kenzo, nem que seja numa simples faixa. Coleção outono-inverno 2000. Foto de Dinah Bueno Pezzolo.

A releitura de moda no processo de criação não se limita a silhuetas, modelos, detalhes e cores. A área têxtil também oferece campo para pesquisa e rememora imagens do passado e influências já havidas. Os motivos florais de tempos em tempos são lembrados. Suas cores e sua composição característica foram lembradas em 2008 por Jean-Paul Gaultier (1952-).

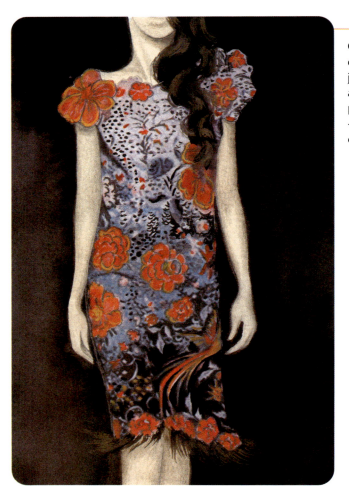

O motivo floral com características japonesas valorizou a criação de Gaultier para a primavera-verão 2008. Aquarela de Dinah Bueno Pezzolo.

JOIAS *ART NOUVEAU*

As curvas sinuosas do *art nouveau* ensejaram a elaboração de joias de design original, que traduziram o estilo em voga no início do século XX. Dentre os criadores que transformaram arte em cobiçados acessórios femininos estavam René Lalique (1860-1945), George Fouquet (1862-1957), o já citado Louis Tiffany, Karl Fabergé (1846-1920) e Philippe Wolfers (1858-1929).

Uma joalheria extraordinariamente bela se desenvolveu no período, caracterizada por itens em que o desenho artístico se destacava, deixando em segundo plano o valor da matéria-prima. Na maioria das criações, pedras caras cederam lugar a materiais menos preciosos, como esmalte, vidro, marfim e opala. O ouro e a prata também foram utilizados.

Broche de prata dos anos 1910 – rosto feminino emoldurado por curvas sinuosas. Tadema Gallery, Londres.

Numa época em que os joalheiros deixaram de ser vistos como simples artesãos para serem considerados artistas, as peças de René Lalique são das mais autênticas do novo estilo. Como mestre vidreiro, Lalique foi o primeiro a esculpir o vidro para grandes obras em Paris, como as portas do Hotel Alberto I e as fontes do Champs-Elisées. Como joalheiro, suas peças mostravam formas de plantas e libélulas com design inspirado na arte japonesa e em materiais pouco convencionais.

Esta fivela combina três materiais: prata folheada, pérolas barrocas e esmalte. O design, que lembra um vitral, é típico dos bijoux franceses. Tadema Gallery, Londres.

O EXPRESSIONISMO

Essa corrente artística, surgida na Alemanha entre os anos de 1905 e 1930, foi manifestada inicialmente por meio da pintura. O movimento surgiu como forma contrária ao impressionismo. O impressionismo buscava retratar a natureza como esta se mostrava – suas formas, suas cores. No expressionismo, predominava a visão interior do artista, em oposição à observação da realidade.

BELLE ÉPOQUE: MOVIMENTOS

O expressionismo defendia a liberdade do artista e a deformação da realidade como formas individuais de se mostrar a natureza, o ser humano e as imagens em geral. A agressividade de formas e de cores é uma de suas características mais marcantes.

Van Gogh é visto como pioneiro na transição do impressionismo para o expressionismo. Cores vibrantes, quase irreais, e distorções de formas nascidas de fortes pinceladas anunciavam uma nova maneira de se manifestar pela pintura.

Nesse lenço de seda estampado foi reproduzida a famosa tela de Van Gogh. Foto de Dinah Bueno Pezzolo.

Quarto em Arles (1888) é uma das pinturas mais conhecidas de Van Gogh. Museu Van Gogh, Amsterdã.

O expressionismo e sua variedade de estilos – como o cubismo e, mais tarde, o surrealismo – marcaram obras de grandes pintores, como Marc Chagall (1887-1985), Salvador Dalí (1904-1989) e Cândido Portinari (1903-1962).

BELLE ÉPOQUE: CRIADORES E CRIAÇÕES

GUSTAVE KLIMT: DA PROFUSÃO DE DETALHES À SIMPLIFICAÇÃO TOTAL

Se a pintura nipônica exerceu influência na criação de estampas *art nouveau*, técnicas de estêncil japonês e mosaicos bizantinos foram lembrados pelo pintor simbolista austríaco Gustave Klimt no mesmo período.

Em 1905, Klimt visitou a cidade italiana de Ravena, onde se encantou com os maravilhosos mosaicos bizantinos do século VI. Esse tipo de mosaico, presente principalmente nos revestimentos de tetos de igrejas, utiliza os tons em ouro e em prata que acabaram marcando presença na fase dourada de Klimt.

Mosaico bizantino (547 d.C.). Igreja de San Vitale, Ravena.

No início do século XX, Klimt priorizou a estética numa nova forma de se expressar. Em Viena, Áustria, pintou uma série de retratos de mulheres de industriais da época – entre elas, Adele Bloch-Bauer I. A obra, que demorou três anos para ficar pronta, ficou conhecida como "Adele de ouro", por conta da utilização, além das tintas a óleo, de prata e de ouro.

A famosa tela foi roubada pelos nazistas em 1938 e, depois de uma longa briga judicial que atingiu a Suprema Corte dos Estados Unidos, voltou para Maria Altmann, herdeira dos Bloch-Bauer. Em 2006, Ronald S. Lauder, magnata norte-americano da cosmética, adquiriu o quadro por US$ 135 milhões, o maior valor pago até então por uma obra de arte, para ser exposto no museu nova-iorquino para arte da Alemanha e da Áustria, o Neue Galerie ("nova galeria", em alemão), de sua propriedade.

Retrato de Adele Bloch-Bauer I (1907), Gustave Klimt. Neue Galerie, Nova York.

Apesar de toda a história que envolve o retrato de Adele, muitos consideram *O beijo*, pintado entre 1907 e 1908, a obra-prima de Klimt. *O beijo* pertence ao período dourado do pintor e foi inspirado em seu romance com Emilie Flöge (1874-1952), sua amiga, modelo e, finalmente, amante. Em 1902, Emilie posara para um dos trabalhos mais conhecidos de Klimt, *Retrato de Emilie Flöge*, em tons de azul.

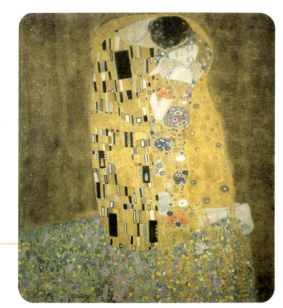

O beijo (1907-1908), baseado no próprio Klimt e em sua amante Emilie, marca o auge da fase dourada do pintor. Österreichische Galerie Belvedere, Viena.

A padronagem dos vestidos nos retratos pintados por Klimt indicam a influência de mosaicos bizantinos. Neste *Retrato de Emilie Flöge* (1902), os motivos se destacam sobre fundo azul – cor dos olhos de Emilie. Wien Museum, Viena.

Em 1904, Emilie Flöge e suas duas irmãs fundaram a Schwestern Flöge, um ateliê de alta moda, em Viena. Nessa sociedade, Emilie se destacava por sua habilidade em modelagem e por estar sempre atenta ao que se passava em outros países na temática do vestuário. Emilie, devido à sua parceria com Klimt, mantinha contato com a vanguarda artística de Viena e de toda a Europa. O pintor, como companheiro de Emilie, aproximava-se da área da moda.

O interesse por culturas distantes como a do Japão e a da África era constante entre os componentes do grupo vanguardista, que incluía Klimt. Em relação à moda, Klimt possuía uma coleção de tecidos étnicos, além de peças da Hungria, da Croácia, da Romênia, da Eslovênia e do Marrocos. Emilie, influenciada pela exótica coleção, criou peças para a Schwestern Flöge abusando da união de cores fortes de diferentes fontes. Do Marrocos, as cores quentes de suas túnicas; da Hungria e da Romênia, as cores vibrantes de seus tecidos étnicos. Essa mescla de influências acabou caindo no gosto das mulheres.

Em 1911, Paul Poiret esteve em Viena e se entusiasmou com o resultado dessa combinação de cores. Os lenços de seda vendidos na butique de Emilie também o entusiasmaram. Ele acabou encomendando uma grande coleção de lenços (produzidos pela Wiener Werkstätte) para seu ateliê, em Paris.

O que mais marcou a Schwestern Flöge de Emilie foram os vestidos "Reforma", desenhados por Klimt. O Movimento pela Reforma do Vestuário ganhava força em toda a Europa e abrangia não só o modo de as mulheres se vestirem como também seu comportamento. O objetivo era uma mulher mais moderna, mais ativa, afastada da figura de boneca, cheia de rendas, de laçarotes e de cintura estrangulada.

De acordo com essa proposta, Klimt desenhou vestidos modernos que acabaram sendo chamados de vestidos "Reforma". Ele combinou a influência japonesa com as túnicas marroquinas e com as cores vibrantes de tecidos étnicos, em criações diferentes de tudo o que havia sido produzido até então. Da parceria Klimt-Emilie nasceu um ensaio fotográfico inovador para a época: ela posou como modelo de sua própria butique, e Klimt fotografou-a buscando ângulos como numa composição para suas telas. A exata união entre moda e arte.

O expressionismo da primeira década do século XX fez com que Klimt pusesse fim à sua fase dourada. Ao final da década, já em Paris, aderiu à simplificação das formas ditada pelo fauvismo. Sua obra *O chapéu de plumas negras* reflete essa mudança de estilo do pintor.

O chapéu de plumas negras (1910) mostra um Klimt afastado da influência dos mosaicos bizantinos e a adesão do artista a formas simples e a cores puras. Coleção particular.

BELLE ÉPOQUE: CRIADORES E CRIAÇÕES

POIRET: ENTRE ARTE E MODA

Paul Poiret, o primeiro designer do século XX. Assim ele é considerado por muitos, e há razão para isso. Apaixonado pelas cores, pelas formas e pela criação, iniciou sua carreira como desenhista na *maison* de Worth, graças ao apoio do estilista Jacques Doucet (1853-1929). Em 1904, o já experiente Poiret abriu sua casa, onde, entre 1905 e 1907, criou um estilo revolucionário. Nessa época, as obras dos costureiros já eram assinadas e protegidas por lei, como as dos pintores.

O modelo criado por Poiret em 1913 mostra ousadia de formas para a época. Aquarela de Dinah Bueno Pezzolo.

A rosa que aparece na etiqueta dos modelos de Poiret foi criada pelo artista gráfico Iribe.

"Poiret, que coleciona obras de arte, que vive num cenário faustoso e refinado, que se cerca de poetas e de pintores, que cria ele próprio trajes de teatro, de balé, de filme e que subvenciona a criação artística" (Lipovetsky, 1989, p. 82), foi o primeiro designer a substituir os tons suaves do estilo eduardiano pelas vibrantes cores primárias. Revolucionou também as formas femininas, não só proclamando a queda do espartilho e o uso do sutiã como também valorizando corpos esbeltos. Em plena Belle Époque, crônicas de moda enfatizavam que a mulher devia ser esbelta, magra, ter o corpo alongado. Por trás dessa metamorfose e desses conceitos que duram até hoje encontrava-se Paul Poiret.

Além de pioneiro no uso da arte moderna em suas criações – vestidos baseados no luxo oriental e na linha *art déco* (ver capítulo "Século XX: movimentos") –, Poiret foi o primeiro costureiro a lançar seu próprio perfume: o *Rosine,* nome de sua filha mais velha. Com uma apurada visão sobre a importância da marca e do logotipo, criou, junto com o artista gráfico, ilustrador de moda e designer de joias Paul Iribe (1883-1935), a rosa arredondada usada em suas etiquetas. A famosa "rosa de Poiret" apareceu também em suas roupas, presa a lapelas ou como motivo de estampas – era sua assinatura. Iribe usou essa mesma rosa na criação de motivos para a tecelagem Bianchini-Férier, de Lyon.

"Roses": tafetá de seda bordado com fios de ouro (1914). Motivo criado por Iribe para a *maison* Bianchini-Férier.
Musée des Tissus et des Arts Décoratifs de Lyon, Lyon.

BELLE ÉPOQUE: CRIADORES E CRIAÇÕES

A rosa, vista como assinatura de Poiret, aparecia periodicamente em suas roupas, como detalhe, ou na estampa do tecido. Esta Ilustração de Barbier para o *Journal des Dames et des Modes* (1912) mostra um modelo de Poiret com cintura alta marcada por faixa contrastante e corpo livre do torturante espartilho. No forro do casaco aparece a estampa de sua famosa rosa.

Rosas graúdas apareceram na coleção de Vuitton para a primavera-verão 2001. A ideia teria vindo da rosa de Poiret, criada por Iribe?
Foto de Dinah Bueno Pezzolo.

Envolvido pelas artes, Poiret se deixou influenciar pela chegada do Balé Russo na capital francesa e especialmente pela obra de Leon Bakst (1866-1924), designer de cenários e dos figurinos exóticos da companhia de dança. Silhuetas mais estreitas, cores brilhantes e orientalismo passaram a compor suas criações, além de roupas e turbantes coloridos. Esse estilo lhe valeu o apelido de "paxá de Paris".

Os turbantes marcaram presença na coleção alta-costura outono-inverno 2010-2011 de Gaultier. Aquarela de Dinah Bueno Pezzolo.

Na França, onde os movimentos artísticos fervilhavam, embora houvesse bom entrosamento entre pintores e criadores de moda, foram as ilustrações que realçaram inicialmente a relação entre arte e moda. Criações de Paul Poiret são até hoje lembradas pelos traços de Georges Lepape (1887-1971) e Iribe.

Ilustração de Iribe (1908) para *Les Robes de Paul Poiret*. Atendendo a um pedido de Poiret, Iribe desenhou alguns modelos do designer para serem publicados em livro. *Les Robes de Paul Poiret* é uma espécie de "álbum" com estilo totalmente novo para a época e que acabou servindo como inspiração para os futuros catálogos de moda.

OS PLISSADOS DE FORTUNY

Mariano Fortuny nasceu em Granada, Espanha, e cresceu cercado de artistas, história e tradição. Em casa, convivia cercado pela arte. Seu pai, Mariano Fortuny y Marsal (1838-1874), foi um grande pintor conhecido internacionalmente. O Museo del Prado, em Madri, foi fundado pela família de sua mãe, Cecilia Madrazo.

Fortuny teve uma formação artística privilegiada: estudou pintura na Espanha e escultura em Paris, com o mestre Auguste Rodin (1840-1917). Em Roma, estudou arquitetura e, na Alemanha, química e tintura. No final do século XIX, mudou-se com sua família para Veneza.

Com o conhecimento que possuía, dedicou-se à pintura, à escultura, à fotografia, à criação de tecidos e à cenografia, além de se dedicar a coleções de obras variadas. Inventou sistemas de iluminação cênica que são utilizados até hoje em estúdios fotográficos. No teatro, interessou-se pelo figurino e, em 1907, criou seu mais famoso modelo, o "Delphos".

O modelo "Delphos" foi inspirado numa das mais célebres esculturas da Grécia Antiga e um dos raros bronzes da época clássica, o Auriga de Delphos (478 a.C.-474 a.C.), hoje exposto no Museu Arqueológico de Delphos. A obra mostra um condutor de carro de cavalos vestido com um *chitón*, segurando as rédeas com a mão direita.

O *chitón* usado na Grécia Antiga (1600 a.C.-1100 a.C.), conforme explicado no capítulo "Antiguidade", consistia em uma espécie de túnica feita inicialmente de lã e usada por homens e mulheres. Os *chitóns* masculinos atingiam o meio das pernas, e os femininos chegavam aos pés. O tecido era preso com fíbulas num só ombro, ou nos dois. Posteriormente, passou a ser feito de linho, muitas vezes plissado, e ganhou maior amplidão, contida na cintura por cinto ou faixa.

O "Delphos" de Fortuny era feito de seda finamente plissada, com cores obtidas por meio de processos exclusivos. A peça vinha enrolada e acondicionada dentro de caixa de chapéu. O método utilizado para seu plissado ainda hoje é um mistério, pois, além de belíssimo, resiste ao tempo. Existem vestidos com mais de 40 anos cujo plissado permanece perfeito, como se fossem novos. A técnica para obter esses famosos plissados continua sendo executada na fábrica Fortuny, em Veneza, adquirida em 1988 pelo advogado egípcio Maged F. Riad.

Em modelo criado em 1909, Poiret uniu a influência do "Delphos" de Fortuny com a cintura alta do Primeiro Império. Como sua assinatura, a famosa rosa arremata o decote. Aquarela de Dinah Bueno Pezzolo.

Em 1924, o famoso "Delphos", de Fortuny, foi usado pela atriz Natacha Rambova (1897-1966). Aquarela de Dinah Bueno Pezzolo.

Hoje, o plissado de Fortuny inspira estilistas como Issey Miyake. Paris, março de 1999. Foto de Dinah Bueno Pezzolo.

DUFY: PINTURAS, GRAVURAS, ILUSTRAÇÕES E ESTAMPAS

Na virada do século, o francês Raoul Dufy (1877-1953), com formação artística iniciada no impressionismo, foi se distanciando cada vez mais do movimento artístico então dominante, para produzir um acervo estupendo de aquarelas, pinturas, gravuras e ilustrações para livros e estampas para tecidos. Esse conjunto de obras fez de Dufy um dos grandes popularizadores da arte moderna. Seus trabalhos se caracterizam pela alegria transmitida por cores vibrantes. Entre seus temas prediletos se encontram cenas de vida ao ar livre, regatas, corridas de cavalo, salões de jogos e festas mundanas.

De família pobre, Dufy conseguiu uma bolsa de estudos na escola de Belas Artes de Paris. Na ocasião, o impressionismo dominava o cenário das artes, mas sua adesão ao estilo durou pouco. Em 1904, tornou-se um dos fundadores do fauvismo, movimento que tinha Henri Matisse (1869-1954) como líder.

O termo fauvismo (da palavra francesa *fauve*, que significa "fera") nasceu por acaso. Em 1905, Matisse, Dufy e outros participavam do Salão de Outono em Paris quando o crítico de arte francês Louis Vauxcelles (1870-1943), ao ver uma escultura renascentista entre quadros invadidos por cores fortes, afirmou: "Donatello parmi les fauves" ("Donatello entre as feras"), referindo-se a uma estátua tradicional entre telas ousadas. Bastou essa observação para que o novo movimento de arte, que mostrava influências das obras de Vincent van Gogh e Paul Gauguin, então já falecidos, passasse a ser denominado no mundo todo como *fauvisme*.

As criações do fauvismo se caracterizam pela simplificação das formas e pela valorização da cor, com o objetivo de realçar os aspectos plásticos da obra, sem a preocupação da fidelidade ao mundo real. Assim, regras tradicionais da pintura, como claro-escuro e detalhamento do motivo, foram descartadas. Os objetos eram realçados por um contorno de traço negro. O fauvismo acabou transformando o caminho das artes, influenciou a tecelagem e, por consequência, a moda, especialmente a de Poiret.

Poiret, sempre envolvido pelas artes plásticas, utilizou o talento de seu amigo Dufy na criação de estampas para seus tecidos. Eles montaram um ateliê em um pequeno local alugado por Poiret, na avenida de Clichy, em Paris. Dufy desenhou para Poiret e esculpiu, ele mesmo, em blocos de madeira, motivos que havia criado para *O bestiário*, do poeta Apollinaire.

Segundo Poiret, Dufy criou motivos belíssimos para tecidos que valorizaram vestidos suntuosos. Depois de terem investido dinheiro e trabalho no ateliê, um dos proprietários da tecelagem Bianchini-Férier surgiu para propor a Dufy que procurasse meios industriais mais dignos. O ateliê acabou sendo desfeito, Dufy passou a trabalhar para a Bianchini-Férier, e a Poiret restou admirar, nos tecidos da famosa tecelagem, a arte de seu amigo.

"Eléphants" (c. 1922-1924): echarpe de crepe da china com estampa criada por Dufy a partir d'*O bestiário*, para Bianchini-Férier. Musée des Tissus et des Arts Décoratifs de Lyon, Lyon.

Na criação de estampas, um mesmo tema permite inúmeras versões. Dependendo do criador, o aperfeiçoamento de um motivo pode requerer inúmeros retornos ao desenho até que seja conseguida a imagem ideal. Essa elaboração pode ser vista em algumas das estampas têxteis de Dufy e até mesmo em uma obra sua que não foi criada para o vestuário: o retrato de sua esposa, madame Dufy, feito em 1930. Para o estampado de sua blusa, o artista reinterpretou um motivo que havia criado em 1912; para a toalha da mesa mostrada na tela, escolheu uma estampa também criada por ele no ano de 1923.

SÉCULO XX: MOVIMENTOS

No princípio do século XX, conforme visto no capítulo "Belle Époque: criadores e criações", nomes como Paul Poiret e Mariano Fortuny, que lutavam para que a moda fosse reconhecida como arte, deram início a grandes transformações, baseadas principalmente na simplicidade das vestimentas greco-romanas.

Nessa época, a influência das artes visuais nos trajes se deu inicialmente por meio de ilustrações para revistas de moda, assinadas por artistas como Georges Lepape e Paul Iribe (para Paul Poiret). Anúncios publicados na imprensa documentaram o impacto, na moda, causado pelos vanguardistas. E o que não faltou, no século XX, foram movimentos de vanguarda.

O CUBISMO

O cubismo agitou os meios artísticos entre 1907 e 1918, interferindo principalmente na pintura. A nova forma de expressão se baseava na geometrização das formas naturais, com cubos e cilindros fazendo parte da composição da tela. O ponto inicial dessa escola foi *As damas d'Avignon*, do espanhol Pablo Picasso (1881-1973), em 1907. Em sua primeira fase, que se estendeu até 1910, o cubismo sofreu influência da arte africana, mas também do pós-impressionista Paul Cézanne, que utilizava formas semelhantes às geométricas para representar a natureza. O fim do movimento, em 1918, foi marcado pela publicação do manifesto "Depois do cubismo", encabeçado pelo arquiteto Le Corbusier (1887-1965) e pelo pintor cubista francês

Amédée Ozenfant (1886-1966). Entretanto, as ideias cubistas acabaram por constituir a base para outras manifestações artísticas: o neoplasticismo e a *art déco* (1925-1939).

O NEOPLASTICISMO

Em 1912, o pintor holandês Pieter Cornelis Mondrian (1872-1944), conhecido como Piet Mondrian, chegou a Paris como expressionista. Influenciado pelas formas geométricas da arte cubista capitaneada por Picasso, Mondrian se dedicou à ampliação radical do cubismo e à busca por elementos mais simples. Na década de 1920, tornou-se o principal idealizador de um novo movimento artístico relacionado à arte abstrata: o neoplasticismo.

O neoplasticismo defendia uma total limpeza na composição da obra, reduzindo-a a seus elementos mais puros. Artistas desse movimento, notadamente Mondrian e Theo van Doesburg (1883-1931), usavam em suas criações apenas o vermelho, o amarelo e o azul, além do branco e do preto, em linhas horizontais e verticais.

A arte de Mondrian inspiraria Yves Saint Laurent em meados da década de 1960, numa evolução da linha saco (modelagem solta e sem corte na cintura, estreitando na direção da barra). Talentoso, Saint Laurent notou que essa linha constituía um campo propício para jogar com as cores em motivos geométricos. A ideia poderia ter sido aproveitada de maneira mais simples, no estampado de um tecido, mas, para obter o efeito desejado, o estilista francês pegou cada uma das cores separadamente e, depois, juntou as diferentes partes numa modelagem plana. Assim, transformou em moda a obra de Mondrian.

SÉCULO XX: MOVIMENTOS

Não se deve confundir o neoplasticismo dos anos 1920 com a op-art da década de 1960. Lembrando o neoplasticismo de Mondrian, Saint Laurent brincou com formas geométricas de tecido em cores contrastantes, realçadas pelo preto. Na op-art dos anos 1960, traçados geométricos em branco e preto ou coloridos criaram efeitos ópticos que simulavam movimento (ver "A op-art", mais à frente, neste capítulo).

O vestido "Mondrian", lançado em 1965, é o exemplo mais claro da influência da arte no trabalho de Saint Laurent. A peça, em jérsei de lã nas cores vermelha, azul e amarela, além da preta e da branca, foi uma homenagem do estilista francês ao criador do neoplasticismo da década de 1920. Aquarela de Dinah Bueno Pezzolo.

A *ART DÉCO*

Esse estilo luxuoso, surgido na década de 1920 e inicialmente direcionado à classe burguesa enriquecida do pós-guerra – a Primeira Guerra Mundial terminara em 1918 –, nasceu da fusão de vários movimentos: cubismo, futurismo, *art nouveau* e abstracionismo geométrico. Com predomínio de motivos compostos por linhas retas ou circulares, a expressão *art déco* surgiu na Exposição Internacional de Artes Decorativas e Industriais Modernas, realizada em Paris em 1925. Foi marcante nas obras de pintores como Sonia Delaunay (1885-1979), Tamara de Lempicka (1898-1980) e mesmo Amedeo Modigliani (1884-1920). Influenciou também a criação de cartazes para teatro, figurinos e cenários, em que os nomes de Erté (1892-1990) e Paul Poiret tiveram destaque. Sua influência se estendeu ainda à arquitetura, ao design industrial e de interiores, à escultura e à moda, incluindo a joalheria.

Na moda do pós-guerra, há quem defenda também grande influência da Bauhaus. Essa inovadora escola alemã de artes, cujo nome em português significa "casa da construção" e que foi fundada pelo arquiteto Walter Gropius (1883-1969) em 1919, era voltada à arquitetura, às artes plásticas, às artes gráficas e ao desenho de móveis e objetos domésticos. A Bauhaus influenciou a tecelagem, mas as transformações da silhueta da moda nesse período estiveram relacionadas às linhas geométricas da *art déco*.

JOIAS *ART DÉCO*

Nas décadas de 1920 e 1930, foram vários os temas utilizados na criação de joias *art déco*: geométricos, industriais (hélices de avião, rolamentos, engrenagens), arquitetônicos (escadas, arcos, colunas), esportivos (automóveis, raquetes, tacos de golfe), naturais, vegetais e animais (rosa estilizada, panteras, entre outros) e os motivos egípcios, após a descoberta da tumba de Tutancâmon em 1922 (flores-de-lótus, palmeiras, esfinges, escaravelhos alados), sempre mostrados com contraste de cores e materiais.

Bracelete *art déco* (1925-1930) criado por Raymond Templier (1891-1968), mestre em joalheria de arte. Além da composição de formas geométricas, características do período, a peça possui a parte central removível, em platina, ônix e diamantes, para ser usada como broche. Aquarela de Dinah Bueno Pezzolo.

SÉCULO XX: MOVIMENTOS

Uma das características das joias *art déco* é a utilização de metais brancos: prata, aço, platina, ouro cinzento, inox, metal cromado. O ouro usado isoladamente é muito raro; ele aparece quase sempre associado a um metal branco. Os diamantes foram muito empregados em cravação pavê (do francês *paver*, "pavimentar", indicando a cobertura de determinada área da joia com gemas, normalmente de tamanho uniforme), sós ou formando contraste com outras pedras, como safiras, esmeraldas ou rubis, em composições geométricas ou figurativas.

Criadores como Georges Fouquet e Louis Cartier (1875-1942) e marcas como Boucheron, Chaumet, Mauboussin e Van Cleef et Arpels são sempre lembrados quando o assunto é joalheria *art déco*.

Esse design marcante, que acabou por identificar os chamados "loucos anos 1920", chegou ao fim com a Grande Depressão, iniciada com a queda da Bolsa de Nova York, em 1929.

O nu confinado num paralelogramo estilizado. Pingente em prata com fundo oxidado. Aquarela de Dinah Bueno Pezzolo.

Neste par de brincos, as esferas de prata dão o equilíbrio necessário aos dois triângulos sobrepostos. Um exemplo da beleza criada pelas linhas geométricas características da *art déco*. Aquarela de Dinah Bueno Pezzolo.

O SURREALISMO

O surrealismo, movimento artístico e literário nascido em Paris nos anos 1920, a partir da década de 1930 passou a influenciar a criação de moda, estreitando a ligação desta com a arte. O surrealismo se distancia das regras da lógica e da razão, indo além da consciência cotidiana; ele expressa o inconsciente e os sonhos, dialogando com a psicanálise. Dentre seus representantes nas artes plásticas encontram-se Dalí (1904-1989), Picasso (1881-1973), Joan Miró (1893-1983), René Magritte (1898-1967) e Alberto Giacometti (1901-1960).

Na moda, os anos 1930 foram marcados por grifes como Nina Ricci, Lanvin e Balenciaga e por estilistas como Coco Chanel (1883-1971) e Madeleine Vionnet (1876-1975). No entanto, foi a italiana Elsa Schiaparelli (1890-1973), vista como rival de Chanel, quem se destacou por suas inovações. Ciente da vinculação existente entre desenho de vestuário e artes plásticas, principalmente a pintura, Schiaparelli cultivava amizade com a classe artística de sua época. Enquanto Chanel se mantinha fiel ao estilo funcional direcionado à mulher moderna, Schiaparelli vagava pelo surrealismo, o que resultou em ideias surgidas da fusão entre arte e moda.

Na proposta de manifestação livre do irracional, sem qualquer tipo de impedimento crítico, a estilista criava modelos para impressionar. Juntou-se a Salvador Dalí para a criação de peças inesquecíveis, como o famoso chapéu em forma de sapato, o vestido branco com uma grande lagosta vermelha na saia, a bolsa-telefone, o tailleur-escrivaninha, entre outros.

SÉCULO XX: MOVIMENTOS

Baseada na *Vênus de Milo com gavetas*, de Dalí, Schiaparelli criou seu tailleur-escrivaninha (1936). Aquarela de Dinah Bueno Pezzolo.

Vestido de seda criado por Schiaparelli, com grande lagosta pintada por Dalí (1937). Aquarela de Dinah Bueno Pezzolo.

Chapéu em forma de sapato, de Schiaparelli, com a colaboração de Dalí (1937). Aquarela de Dinah Bueno Pezzolo.

Em 1936, Elsa Schiaparelli realizou seus primeiros desfiles inspirados no surrealismo, com a colaboração de Jean Cocteau e Dalí. Foi ela quem iniciou a apresentação de desfiles temáticos, que acabaram se tornando constantes nas passarelas até hoje. Em sua coleção "Borboletas", mostrou um vestido coberto por asas coloridas; em "Circo", contou com os desenhos de Raoul Dufy; "Botticelli" e "Commedia dell'arte" foram outras coleções que giravam em torno de um tema. Suas inovações foram várias, como os tecidos com estampa de jornal elaborados a partir de recortes nos quais seu nome aparece. A ideia foi aproveitada por Galliano para Dior em 2002!

A estampa de jornal na passarela de Dior em 2002. Criação de John Galliano, numa reprise do lançamento de Schiaparelli nos anos 1930. Foto de Dinah Bueno Pezzolo.

SÉCULO XX: MOVIMENTOS

Como na moda a pesquisa e a reciclagem são constantes, além de Galliano, outros criadores do final do século XX foram buscar ideias no surrealismo.

Para a primavera-verão 2000, Hubert de Givenchy (1927-2018) buscou confundir o real com o imaginário com esta peça no mínimo estranha. Foto de Dinah Bueno Pezzolo.

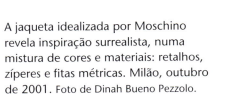

A jaqueta idealizada por Moschino revela inspiração surrealista, numa mistura de cores e materiais: retalhos, zíperes e fitas métricas. Milão, outubro de 2001. Foto de Dinah Bueno Pezzolo.

MODA E SÉTIMA ARTE

O cinema surgiu no ano de 1895 pelas mãos dos irmãos Lumière, que, na época, tentavam melhorar a fotografia. A primeira apresentação pública foi feita no dia 28 de dezembro, no Salão Grand Café, em Paris, com o filme *L'arrivée d'un train en gare de la ciotat*. Pouco mais de trinta pessoas estavam presentes, mas a notícia se alastrou rapidamente. Esse trabalho artístico em pouco tempo se transformaria numa indústria poderosíssima chamada de "Sétima Arte".

O processo de elaboração de um filme é bastante complexo, e nele o trabalho do figurinista tem importância fundamental. Como integrante do departamento de arte da companhia produtora, suas ideias e criações devem estar de acordo com a concepção visual do filme, o que inclui local, época, tema, cenário e fotografia.

Primeiramente, a moda mostrada no filme está relacionada com o período da história em que ele se passa e com o local em que a ação acontece. Entretanto, a aparência criada para cada personagem revela atributos que vão além da estética: revela a sua identificação como pessoa. Características como personalidade marcante, autoritarismo, autossuficiência, romantismo, poder de sedução e outras tantas podem ser evidenciadas por meio dos trajes, aliados a atitudes. Assim como pela moda instintivamente fazemos uma pré-análise do posicionamento de uma pessoa na sociedade, nas imagens de um filme o visual dos personagens nos induz a traçar sua personalidade.

É incontestável o fascínio que as estrelas de cinema exercem sobre o público. Na construção de um mito, a moda contribui para evidenciar

o tipo de homem ou de mulher que consegue se impor na tela: Greta Garbo encarnou a mulher inacessível e altiva; Marilyn Monroe, a mulher inocente, sensual, vulnerável; Catherine Deneuve, a sensualidade glacial; Clark Gable foi o tipo exemplar de homem viril, cúmplice e imprudente; Clint Eastwood é identificado como um homem cínico, eficaz, duro. (Lipovetsky, 1989, p. 214)

Na cópia de um modelo apresentado por uma estrela de cinema, as pessoas juntam à parte estética a transmitida pelo subconsciente. Vestindo um "pretinho" com pérolas, sentem-se uma *Bonequinha de luxo*; usando jeans ajustados e camiseta, adquirem ares de *Juventude transviada*; escolhendo uma roupa de grife, encarnam uma poderosa editora de moda, como em *O diabo veste Prada*.

Desde as primeiras décadas do século XX, cartazes de filmes mostraram astros pré-fabricados que acabaram atraindo o público para as salas escuras. Foi graças às suas estrelas que, nos anos 1950, a indústria do cinema, então enfraquecida, conseguiu se recuperar. A moda exibida e divulgada foi copiada e adotada, confirmando ser o cinema um grande divulgador de tendências.

A estrela de cinema Gloria Swanson (1899-1983), na década de 1920, mostrava na roupa, nas joias e na maquiagem o estilo que viria a caracterizar os chamados "anos loucos". Desenho de Dinah Bueno Pezzolo.

"O star system fabrica a superpersonalidade que é a grife ou a imagem de marca das divas da tela" (Lipovetsky, 1989, p. 214). Vale lembrar alguns nomes famosos que acabaram influenciando a divulgação da moda apresentada: nos anos 1930, além da já citada Greta Garbo, Ginger Rogers (1911-1995), Marlene Dietrich (1901-1992) e Hedy Lamarr (1913-2000). Na década de 1940, Lana Turner (1921-1995), Ingrid Bergman (1915-1982), Ava Gardner (1922-1990), Jane Russell (1921-2011) e Lauren Bacall (1924-2014). Na de 1950, Elizabeth Taylor (1932-2011), Audrey Hepburn (1929-1993) e Marilyn Monroe (1926-1962), sem esquecer James Dean (1931-1955) e Marlon Brando (1924-2004), que fizeram com que o jeans fosse associado à juventude e à rebeldia, alavancando o seu uso em todo o mundo.

O trench coat se popularizou graças à figura de Humphrey Bogart nas telas de cinema. Desenho de Dinah Bueno Pezzolo.

O vestido chamado carinhosamente de "pretinho", criado por Givenchy, foi divulgado por Audrey Hepburn no filme *Bonequinha de luxo*, de 1958. Desenho de Dinah Bueno Pezzolo.

Ninguém pode negar a força da imagem de Humphrey Bogart (1899-1957) usando um trench coat ao lado de Ingrid Bergman no filme *Casablanca*, de 1942. Graças ao cinema, ao figurinista do filme e ao charme de Bogart, as capas impermeáveis são populares até hoje. Essa foi a primeira vez que o marketing de uma marca atingiu seu objetivo – no caso a Burberry, que batizou o modelo com o número 21.

O cinema encerra verdadeira documentação da história da moda. Nos filmes, é possível avaliar a influência da moda em diversos períodos históricos, bem como o poder das interferências sociais, econômicas e culturais no vestuário dos povos, inclusive a relação da moda com os movimentos relacionados às artes e sua consequente evolução.

A OP-ART

As origens da op-art (abreviação de *optical art*, "arte óptica") indicam princípios fundamentais da pintura que antecedem a Primeira Guerra Mundial. Suas bases incluem ideias construtivistas da escola de desenho Bauhaus, também empenhada em efeitos visuais específicos.

A expressão op-art surgiu pela primeira vez na revista *Time*, em outubro de 1964. Telas referentes a esse movimento foram expostas pela primeira vez ao público em 1965, no Museu de Arte Moderna de Nova York (MoMA), sob o nome *The Responsive Eye*.

The Responsive Eye. Capa do catálogo da primeira exposição de obras op-art, no MoMA, em 1965.

SÉCULO XX: MOVIMENTOS

Bolsa da coleção Pierre Cardin para a primavera de 2009. Aquarela de Dinah Bueno Pezzolo.

O precursor e expoente máximo da op-art foi o pintor e escultor húngaro Victor Vasarely (1908-1997), que trabalhou na França a partir de 1930.

Em 1938, Vasarely já se dedicava a estudos gráficos em duas dimensões. Suas pesquisas resultaram nas obras conhecidas como *Zebras*, em que formas surgem de contrastes justapostos.

Zebras (1950), óleo sobre tela de Vasarely, mostrando listras diagonais e curvas, em branco e preto, que induzem à visão tridimensional. Coleção particular.

À procura de diferentes efeitos visuais, Vasarely iniciou suas pesquisas combinando elementos gráficos numa superfície. Em seguida, começou a sobrepô-los, usando materiais transparentes. Com isso, em 1952, utilizando estruturas compostas por dois elementos, Vasarely obteve diferentes efeitos ópticos.

Nessas experiências iniciais, as figuras geométricas em preto e branco eram combinadas com o intuito de criar efeitos ópticos que simulassem movimento. Essa combinação passou a ser conhecida como op-art, cujo auge se deu nos anos 1960 nos Estados Unidos e na Europa.

Combinações op-art foram destaque da marca norte-americana Rudi Gernreich na década de 1960. Aquarela de Dinah Bueno Pezzolo.

A influência exercida pela op-art na moda dos anos 1960 é incontestável. Aquarela de Dinah Bueno Pezzolo.

SÉCULO XX: MOVIMENTOS

O DADAÍSMO

Surgido em 1915 em Zurique, Suíça, o dadaísmo nasceu da ideia de um grupo de escritores, poetas e artistas plásticos. A proposta era fazer com que a arte se desgarrasse das amarras do racionalismo para seguir o automatismo psíquico simplesmente combinando elementos ao acaso.

O nome do movimento é envolto em mitos. Em francês, *dada* era o nome dado ao cavalo de pau usado nas brincadeiras infantis. O termo também expressaria a falta de sentido que pode ter a linguagem (como na fala de um bebê). Dizem que o nome foi selecionado ao acaso, num dicionário, pelo poeta, ensaísta e editor italiano Tristan Tzara (1896-1963).

O dadaísmo acabou estimulando o surgimento de outros movimentos artísticos no século XX, como a pop art e o já citado surrealismo.

Seguindo as propostas do dadaísmo, Man Ray (1890-1976) fotografou a famosa modelo Kiki de Montparnasse (1901-1953), sua companheira nos anos 1920, associando seu corpo ao instrumento musical do famoso pintor e violinista Jean-Auguste Dominique Ingres. Essa foto serviu de inspiração a Jean-Charles de Castelbajac (1949-). Em sua coleção para o outono-inverno 2011-2012, Castelbajac fez uma homenagem a Man Ray, mostrando o famoso *Violon d'Ingres* num modelo verde para coquetel.

Modelo baseado nos movimentos artísticos originados no dadaísmo – uma homenagem de Castelbajac a Man Ray. Paris, coleção outono-inverno 2011/1012. Aquarela de Dinah Bueno Pezzolo.

A POP ART

A "arte popular" surgiu nos anos 1960, nos Estados Unidos, fazendo com que o centro da cultura moderna se deslocasse de Paris para Nova York. Para os artistas desse movimento, não havia barreira entre a arte e a vida dos cidadãos. Suas obras mostravam objetos de consumo e temas do cotidiano. Latas de conservas, lâmpadas, fios, automóveis e até imagens de estrelas do cinema ganhavam realce de cores fortes e brilhantes, geralmente dentro da técnica da serigrafia.

Andy Warhrol (1930-1987), grande destaque da pop art, assinou as criações mais significativas do movimento: rostos de personalidades da época – Marilyn Monroe (1926-1962), Ernesto Che Guevara (1928-1967), Elvis Presley (1935-1977), entre outros –, lata de sopa Campbell's, em 1968, etc. Embora a pop art tenha sido um movimento independente, muitas vezes é confundida ou combinada com a op-art, especialmente quando se fala de moda. Na moda, a pop art apareceu com maior frequência em estampas de camisetas.

A pop art dos anos 1960 foi lembrada nos modelos apresentados em março de 2001 por Castelbajac, em Paris. Foto de Dinah Bueno Pezzolo.

Inclusão da pop art na moda numa criação de Yves Saint Laurent em 1966. Aquarela de Dinah Bueno Pezzolo.

Para a primavera-verão 2009, a grife italiana Dolce&Gabanna apresentou uma coleção pautada pela influência da pop art. Alguns modelos surgiram combinados ao estilo marinheiro. Aquarela de Dinah Bueno Pezzolo.

O PSICODELISMO

Na década de 1960, outras expressões artísticas surgiram por meio de movimentos da juventude. O psicodelismo é um exemplo: apesar da pouca duração, foi de grande influência, inclusive na moda. Artistas psicodélicos usavam cores e formas para obter efeitos de vibração óptica. A arte psicodélica, muitas vezes associada às drogas alucinógenas, acabou se mesclando com a forte onda que marcou os anos 1960 e 1970: o movimento *hippie*, que pregava a paz e o amor pela força das flores – o *flower power*.

A força das flores contra a violência – movimento nascido entre os *hippies* dos anos 1960 e 1970. Aquarela de Dinah Bueno Pezzolo.

SÉCULO XX: MOVIMENTOS

O *flower power*, movimento que se transformou em arte com espaço garantido em galerias de arte, influenciou a coleção de Céline apresentada em outubro de 2001, em Paris. Foto de Dinah Bueno Pezzolo.

O *patchwork* e o *flower power* da década de 1970 foram combinados por Anna Molinari (1958-) em sua coleção primavera-verão 2000, em Milão. Foto de Dinah Bueno Pezzolo.

SÉCULO XX: CRIADORES E CRIAÇÕES

SONIA DELAUNAY E A ARTE NA VIDA COTIDIANA

Nos primeiros anos de 1910, as manifestações de arte passaram a fazer parte da vida cotidiana graças à vanguardista Sonia Delaunay, pintora e designer nascida na Ucrânia e radicada na França. O contraste de cores e formas geométricas e a utilização da luz constituíam propostas inovadoras tanto em suas pinturas como nas de seu marido, Robert Delaunay (1885-1941).

Sonia chegou a desenhar vestidos nitidamente antimoda, pois sua intenção era fugir do convencional da época, que indicava estampas florais estilizadas. Em 1913, ela aplicou aos têxteis os resultados das pesquisas feitas na área da pintura por ela mesma e por seu marido. Dessa experiência nasceu seu primeiro "vestido simultâneo", montado a partir da união de pedaços de tecidos com formas geométricas e com cores contrastantes. Nessa direção, Sonia começou a pôr em prática ideias que seriam propagadas pela Bauhaus, na Alemanha, nos anos 1920. Em 1924, criou motivos geométricos abstratos para tecidos, inclusive a pedido dos sericultores de Lyon. Seu sucesso em Paris foi tanto que ela acabou abrindo sua Butique Simultânea.

"Tecido simultâneo" (1924), criação de Sonia Delaunay, com motivo de quadros multicores e geométrico abstrato. Musée des Tissus et des Arts décoratifs de Lyon, Lyon.

"Tecido simultâneo" (1924), de Sonia Delaunay, com motivo horizontal geométrico abstrato. Musée des Tissus et des Arts décoratifs de Lyon, Lyon.

A moda criada por Sonia Delaunay pode ser vista como obra de arte produzida sobre uma base diferente das habituais. Em 1925, por ocasião da Exposição Internacional de Artes Decorativas e Industriais Modernas de Paris, que legitimou o estilo *art déco,* Sonia apresentou, junto com a moda de Jacques Heim (1899-1967), acessórios e tecidos num espaço sobre a ponte Alexandre III.

SÉCULO XX: CRIADORES E CRIAÇÕES

Associada a Heim, Sonia criou "vestidos simultâneos", motivos para estamparia e modelos de bordados inspirados em suas pinturas. Em 1927, ela recebeu convite para realizar uma conferência na Université Paris-Sorbonne, com o tema "A influência da pintura na moda". Na ocasião, analisou e traçou um paralelo entre a pintura moderna e a liberação na moda.

Sob influência do cubismo, Sonia Delaunay utilizou grandes losangos coloridos na criação do vestido para a esposa de Jacques Heim, retratada por seu marido, Robert Delaunay. *Portrait de madame Heim* (1926-1927). Centre Pompidou, Paris.

MAN RAY: ARTE NA FOTOGRAFIA DE MODA

Man Ray, cujo nome verdadeiro era Emmanuel Radnitzky, nasceu em 1890 na Filadélfia, Estados Unidos. Em 1912 já pintava, mas sua trajetória artística realmente teve início quando se mudou para Paris, em 1921. Levou consigo cerca de 30 obras que tentou vender, sem sucesso. Foi quando descobriu sua aptidão para a fotografia. Começou fazendo fotos das próprias telas, mas logo passou a fotografar para sobreviver.

Ray ganhou fama e dinheiro retratando atores, poetas, pintores, escultores e intelectuais. Foi também nomeado criador da fotografia subjetiva. Registrou a imagem de personalidades como Albert Einstein (1879-1955), Pablo Picasso, Henry Miller (1891-1980), Jean Cocteau (1889-1963), Marcel Duchamp (1887-1968), Salvador Dalí e Coco Chanel.

> Uma das mais famosas imagens de Chanel foi captada por Man Ray em foto de 1935: a estilista aparece de perfil, com cigarro na boca e usando vestido preto adornado com pérolas. Essa clássica combinação foi apresentada vinte anos depois por Christian Dior, na coleção outono-inverno 1955/1956. Não faltaram as mangas justas e longas, como na foto assinada por Ray. Aquarela de Dinah Bueno Pezzolo.

Em 1922, Paul Poiret viu em Man Ray a capacidade de revolucionar a fotografia de moda. Como se sentia ameaçado pelo talento de Chanel, Poiret contratou Ray para registrar suas criações. Este aceitou, mas com a condição de ter liberdade total na produção de suas fotos. Foi quando a arte começou a reger o espaço da elegância, da moda. Ray produzia os cenários, dirigia as modelos e substituía técnicas convencionais por outras inusitadas. Seu trabalho resultava não apenas no documento da roupa, mas também em uma obra de arte.

Man Ray foi um dos primeiros a fotografar desfiles e editoriais de moda. Muitas vezes, mostrava vários ângulos de um mesmo vestido. Colaborou para revistas como *Harper's Bazaar*, *Vogue Paris*, *Vanity Fair*, *Paris Magazine*, *Charm* e *Vu*, entre outras. Henri Cartier-Bresson (1908-2004), Louise Dahl-Wolfe (1895-1989) e Richard Avedon (1923-2004) foram os outros talentos que começaram a fotografar moda como arte para as páginas da *Bazaar*.

CHANEL E VIONNET

Nos anos 1923 e 1924, a linha *garçonne*, com modelagem resgatada dos campos de batalha, foi consagrada nos desfiles parisienses de moda. Vestidos mais curtos, silhueta esguia e ausência total de curvas, até mesmo com "achatadores" para anular o busto, formavam a base ideal para o estilo *à la garçonne*, criado por Coco Chanel.

Na década de 1930, nova mudança no vestuário feminino: a silhueta andrógina da mulher ficou nos anos 1920; os vestidos se ajustaram e houve o retorno das formas – ombros marcados, busto realçado por sutiãs apropriados, cintura evidenciada de forma natural (cintas de tecido elástico comprimiam ventre e quadris para eliminar excessos). As saias se alongaram a 25 centímetros do chão. Nessa época, Hollywood crescia e suas musas, como Marlene Dietrich e Greta Garbo, inspiravam mulheres em todo o mundo.

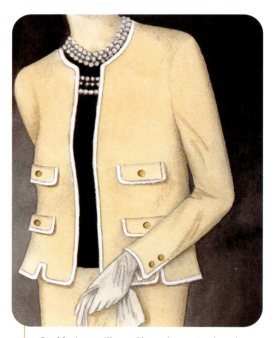

Chanel pregava a simplicidade de linhas, abolindo, inclusive, os enchimentos nos ombros, mas fazia questão da valorização dos detalhes, como lapelas, debruns, botões, correntes, pérolas, camélias e laços.

O clássico tailleur Chanel mostra lapelas, debruns e botões, sem esquecer o complemento das pérolas. Aquarela de Dinah Bueno Pezzolo.

As criações de Chanel incluíam trajes para momentos de descontração, inspirados nas vestes de marinheiros: calças largas, suéteres e blazers, mas sempre acompanhados de joias ou bijuterias. Seu exemplo de vida ao ar livre – praia, iates – e a moda da pele bronzeada acabaram incentivando o culto às formas.

Madeleine Vionnet, bem ao contrário, criava vestidos inspirados em estátuas da Grécia Antiga: seus modelos para noite, em crepe drapeado, deslizavam de maneira sensual pelo corpo.

Foi a década da elegância e, também, das grandes transformações.

SÉCULO XX: CRIADORES E CRIAÇÕES

Os vestidos criados por Vionnet eram apresentados por modelos sem qualquer tipo de corpete e com pés descalços. Vista como gênio do corte enviesado, usava musselina, seda e crepe marroquino para garantir bom caimento e sensualidade incomparável. Aquarela de Dinah Bueno Pezzolo.

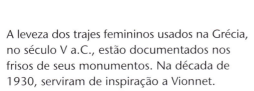

A leveza dos trajes femininos usados na Grécia, no século V a.C., estão documentados nos frisos de seus monumentos. Na década de 1930, serviram de inspiração a Vionnet.

MODA ESPACIAL

Em 1961, tinha início a Era Espacial. Dois anos depois, o astronauta norte-americano John Glenn (1921-2016) entrou em órbita terrestre, e em 1969 Neil Armstrong (1930-2012) e Buzz Aldrin (1930-), também dos Estados Unidos, caminharam na superfície da Lua. Esse grande passo da humanidade estimulou a criação no mundo das artes em geral e também a moda. Se, em 1910, um futurismo baseado na guerra projetava o mundo tecnológico do ano 2000, nos anos 1960, um futurismo apoiado na Guerra Fria e na corrida espacial projetava a vida fora de nosso planeta.

Nas artes plásticas, novos materiais como acrílico, plástico e poliéster foram somados a muita cor prata, além das cores primárias vigentes na pop art. O estilo lunar mostrava uma síntese entre desenho, arquitetura e moda. Os modelos tinham corte funcional, sem qualquer enfeite supérfluo, acentuando uma geometria pura, de acordo com o dinamismo do estilo de vida daqueles anos.

Essa moda futurista foi apresentada em 1968 no filme *2001: uma odisseia no espaço*, de Stanley Kubrick (1928-1999), que obteve grande sucesso de bilheteria. Nele, utilizou-se o plástico sob todas as formas e, entre as cores, além do branco e do prata, as psicodélicas colaboraram para marcar o clima espacial.

A moda futurista de Courrèges: linhas geométricas, cores claras e brilhantes, além de botas brancas (1965). Aquarela de Dinah Bueno Pezzolo.

A célebre marca da presença humana na Lua. Nasa.

Na moda, André Courrèges (1923-2016), Paco Rabanne (1934-) e Pierre Cardin (1922-) foram os ícones do look futurista. Courrèges saiu na frente, lançando seu look espacial em 1964. Paco Rabanne mostrou suas ideias vindas das galáxias numa coleção com muito plástico e metal. Na ocasião, Rabanne criou a célebre roupa de Jane Fonda (1937-) no filme *Barbarella*, de 1968, dirigido por Roger Vadim (1928-2000). A versão de Pierre Cardin foi apresentada em sua coleção "Era espacial", com formas futurísticas obtidas por moldes geométricos, minissaias, malhas aderentes e chapéus em forma de capacetes. Embora a moda tenha sido influenciada pela corrida espacial há quase meio século, algumas de suas características vez por outra são relembradas por estilistas.

Esta foto do espaço fez parte da exposição "Eye on the Universe: The Hubble Space Telescope", feita pela Nasa no Kennedy Space Center Visitors Complex, na Flórida, em 2010. Divulgação.

Num *revival* da moda espacial, Castelbajac mostrou, em março de 1999, look branco com direito a gola capuz, além de capacete. Aquarela de Dinah Bueno Pezzolo.

Paco Rabanne, sempre fiel às pastilhas unidas por elos de metal, apresentou um modelo com aspecto "lunar", tanto no material como na cor. Paris, primavera-verão 2001. Foto de Dinah Bueno Pezzolo.

Motivo geométrico, pastilhas plásticas e elos de metal – tudo dourado. Esta foi a versão da moda espacial para festa assinada por Paco Rabanne em outubro de 2000. Foto de Dinah Bueno Pezzolo.

SÉCULO XX: CRIADORES E CRIAÇÕES

OBRAS CONSAGRADAS INVADEM A MODA

Enquanto alguns criadores de moda se inspiram em formas e cores representativas de movimentos artísticos do momento, outros se valem de obras já consagradas. Yves Saint Laurent foi o estilista que mais valorizou as artes plásticas, criando modelos como forma de homenagens. A inspiração em Mondrian já foi citada no capítulo "Século XX: movimentos", mas o estilista francês também se lembrou de Matisse, Van Gogh, Monet, Picasso, Serge Poliakoff (1906-1969), Tom Wesselmann (1931-2004) e Georges Braque (1882-1963).

Tendo como referências as colagens de Matisse, Saint Laurent criou o vestido "Matisse". O pintor, quase no fim da vida, não podendo exprimir sua arte por meio de tintas e pincéis, recortava papéis pintados com guache e os posicionava sobre fundos brancos ou coloridos, sem qualquer preocupação com perspectiva ou relevo. Saint Laurent se valeu da mesma técnica das colagens de Matisse, aplicando os motivos coloridos sobre fundo liso.

"Robe Matisse": aplicação de formas coloridas, em referência às colagens de Henri Matisse. Yves Saint Laurent, coleção outono-inverno 1980. Aquarela de Dinah Bueno Pezzolo.

Saint Laurent interpretou de diversas formas as obras que escolhia. Juntou pedaços de tecido em sua interpretação de Mondrian; aplicou motivos recortados em referência às colagens de Matisse e se valeu do bordado quando se inspirou nas obras de Van Gogh e de Monet.

Íris (1889), de Claude Monet. The J. Paul Getty Museum, Los Angeles.

Em 1988, Yves Saint Laurent apresentou jaquetas ricamente bordadas em sua coleção primavera-verão. Uma delas tinha como motivo a tela *Iris*, de Claude Monet. Aquarela de Dinah Bueno Pezzolo.

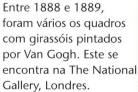

Nesta jaqueta de 1988, Saint Laurent transportou os belos girassóis das telas de Van Gogh para o bordado em relevo. Aquarela de Dinah Bueno Pezzolo.

Entre 1888 e 1889, foram vários os quadros com girassóis pintados por Van Gogh. Este se encontra na The National Gallery, Londres.

Já no século XXI, o impressionista Claude Monet inspirou criações de Albert Kriemler para a grife suíça Akris, conhecida por seus modelos discretos, chiques, requintados e caros. Kriemler se valeu do *know-how* da indústria têxtil de Saint Gallen, na Suíça, para combinar a leveza do georgette de seda com o romantismo de estampas que lembram as telas de Monet em Giverny. A beleza da natureza, suas cores, seus movimentos e, principalmente, a influência da luz, tão bem captadas por Monet, foram sabiamente transportadas para a moda pelas mãos de Kriemler.

As pinceladas fluidas das telas impressionistas de Monet voltaram às passarelas em 2009, na coleção criada por Kriemler para a grife Akris. Para este modelo, o georgette de seda foi estampado com motivo inspirado em uma das muitas telas nas quais o pintor mostra o lago com nenúfares que possuía em sua casa. Aquarela de Dinah Bueno Pezzolo.

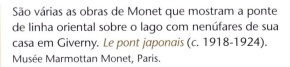

São várias as obras de Monet que mostram a ponte de linha oriental sobre o lago com nenúfares de sua casa em Giverny. *Le pont japonais* (c. 1918-1924). Musée Marmottan Monet, Paris.

MODA PARA ADMIRAR, ARTE PARA VESTIR

O poder de imaginação de certos criadores de moda pode ser equiparado ao de grandes mestres da pintura. A aproximação entre suas classes ocorre de maneira natural, isto quando não se fundem, fazendo com que moda e arte se tornem um só produto. Dentro desse contexto, é possível se lembrar de Paul Poiret e de Raoul Dufy, nos anos 1920, dos tecidos coloridos de Sonia Delaunay, das criações de Yves Saint Laurent inspiradas em obras de pintores famosos e de designers que desfilam arte em passarelas, como Issey Miyake, por exemplo.

Numa derivativa da moda inspirada na arte, existe aquela em que as roupas servem para base de pinturas, como se fossem telas. Peças mostradas em passarelas mais parecem arte para ser usada do que propriamente roupa. Um exemplo dessa "arte usável" pode ser encontrado nas coleções de Jean-Charles de Castelbajac, nas quais a pintura, utilizada como fonte de inspiração gráfica, valoriza os mais simples dos modelos. Ele é visto como precursor da roupa "obra de arte", incluindo em suas coleções peças ilustradas por amigos pintores. Além da reprodução de obras conhecidas sob forma de estampa, ele sabe como poucos se inspirar em diversas manifestações artísticas na criação de seus modelos.

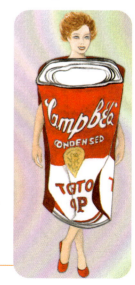

Castelbajac homenageou Andy Warhol em seu desfile primavera-verão 1984, quando lançou os chamados "robes graffitis" junto com roupas superdimensionadas, conhecidas como "roupas Gulliver". Aquarela de Dinah Bueno Pezzolo.

O modelo apresentado em março de 1999 por Castelbajac, em Paris, indica inspiração no abstracionismo geométrico, em que formas e cores são montadas em busca de uma concepção geométrica. Foto de Dinah Bueno Pezzolo.

MODA-ARTE COM RAÍZES ORIENTAIS

A partir das últimas décadas do século XX, alguns nomes se destacaram no mundo da moda por suas criações nitidamente vinculadas à arte. Diferentemente do que muitos possam imaginar, esses designers não se deixam envolver por movimentos inovadores, tampouco procuram inspiração em obras já consagradas. Como verdadeiros artistas, apresentam suas ideias transformando as passarelas dos desfiles em exposições. Unindo moda e arte, nomes como Issey Miyake,

Em 1978, Issey Miyake publicou o livro *East Meets West*, uma coleção de suas criações artisticamente fotografadas. Esta imagem aparece na quarta capa da obra. Aquarela de Dinah Bueno Pezzolo.

Yohji Yamamoto e Rei Kawakubo (para Comme des Garçons), já citados no capítulo "Belle Époque: movimentos", ocupam posição diferenciada entre os criadores. Merecem ser vistos sob um prisma muito especial.

Issey Miyake, nascido em Hiroshima, é especialista em combinar desenho com tecnologia. Seu objetivo sempre foi triunfar como desenhista de moda e, para isso, cursou artes gráficas na Universidade de Tama, em Tóquio, antes de se mudar para Paris. Em 1968, já na capital da moda, iniciou carreira com Givenchy. Também trabalhou com Guy Laroche (1921-1989) e Geoffrey Been (1924-2004). Vestiu símbolos de elegância como Wallis Simpson (1896-1986), a duquesa de Windsor, e Audrey Hepburn.

Aficionado por artes, seus interesses incluem arquitetura, literatura e dança. Foi Issey quem desenhou os primeiros "Pleats Please", usando tecido ultratecnológico, para a Forsythe Company, de William Forsythe (1949-), coreógrafo e diretor do Balé de Frankfurt. Eram costumes esculturais, finamente plissados, seguindo a técnica por ele criada em 1993 e que hoje identifica suas criações. O plissado miúdo e permanente trabalhado em vá-

Estampa floral exclusiva e tecidos de alta tecnologia marcaram a coleção jovem de Miyake para a primavera-verão 2000. Foto de Dinah Bueno Pezzolo.

rias direções acaba conferindo formas incomuns aos modelos. Issey talvez tenha criado seu famoso plissado sob influência da obra de Mariano Fortuny, de quem é declaradamente fã.

O resultado do trabalho desse grande designer no campo da moda não é visto apenas como roupa, mas como arte para ser usada. Nos anos 1980, Issey avançou nas criações em torno dos movimentos do corpo e de suas formas, com a elaboração de peças de materiais diferenciados, como plástico, papel e arame. Essa forma de expressão artística foi mostrada em sua exposição "Bodyworks" (1983), exibida em grandes cidades, como Tóquio, Londres e São Francisco.

O estilo básico de Miyake foi apresentado em março de 1999: sobreposições de peças que envolvem o corpo feminino com leveza, conforto e estilo. Foto de Dinah Bueno Pezzolo.

Detalhe nas costas criado por linhas retas, transpasse e abotoamento simples. Paris, outubro de 1998. Foto de Dinah Bueno Pezzolo.

O plissado característico de Miyake, aliado à tecnologia e à modelagem inusitada, cria formas inesperadas. Paris, março de 1999. Foto de Dinah Bueno Pezzolo.

Yohji Yamamoto nasceu em Tóquio, em 1943. Diferentemente de Miyake, que desde cedo sonhava em realizar-se como desenhista de moda, Yohji cursou a Universidade Keio, na capital japonesa, onde se formou advogado em 1966. As tramas do destino o conduziram à área de moda. Yohji vivia com sua mãe, costureira, desde o falecimento de seu pai, durante a Segunda Guerra Mundial. Precisando ajudá-la e sem conhecimentos básicos de costura necessários, seguiu seus conselhos e matriculou-se em uma das escolas de moda mais importantes do mundo: a Bunka Fashion College, em Tóquio. Caminhando para o sucesso, Yohji terminou o curso de dois anos em primeiro lugar e foi premiado com uma viagem a Paris.

A permanência de oito meses na capital francesa serviu para complementar seu aprendizado com observações e análises dos mais variados estilos que desfilavam diante de seus olhos. De volta a

As criações de Yamamoto fogem do tradicional. Sua característica é inovar nos volumes e nas proporções. Foto de Dinah Bueno Pezzolo.

Tóquio, auxiliou sua mãe, que possuía uma rica clientela, mas ao mesmo tempo procurou pôr em prática suas novas ideias em relação à moda. Em 1972, Yohji abriu sua primeira butique; quatro anos depois, apresentou a primeira coleção. Em 1981, já em Paris, o nome de Yohji Yamamoto despontava para o sucesso. Desde o início de sua carreira, suas criações fogem do tradicional. Assistir a um desfile de Yamamoto é ver arte mostrada em passarela.

Sobreposições com raízes orientais. O preto sempre prevalece nas coleções de Yamamoto. Primavera-verão 2001. Foto de Dinah Bueno Pezzolo.

Modelagem com linhas retas e dobras inesperadas, obra de Yamamoto. Paris, outubro de 1999. Aquarela de Dinah Bueno Pezzolo.

Inconfundível – é a arte de Yamamoto na passarela de Paris, em outubro de 1998. Foto de Dinah Bueno Pezzolo.

ARTE NA PASSARELA

Da primeira apresentação de moda feita por modelo até nossos dias, as formas de mostrar as coleções passaram por inúmeras mudanças. Tudo começou quando o inglês Charles Frederick Worth, considerado o pai da alta-costura, trabalhava numa loja de tecidos em Paris e casou-se com uma funcionária do estabelecimento, Marie Vernet.

Na segunda metade do século XIX, já estabelecidos na rue de la Paix, Marie vestia as criações de Worth para exibi-las a clientes privilegiadas. Dessa forma, além de inovar a apresentação – que até então era feita em cabides ou em manequins de vitrina –, Marie tornou-se a primeira manequim na história da moda.

MODA PARA ADMIRAR, ARTE PARA VESTIR

Durante muito tempo, a moda foi apresentada nas próprias lojas, com desfiles próximos às cadeiras ocupadas por clientes. Nas lojas que possuíam escadas, o desfile se tornava mais glamouroso, com a manequim descendo os degraus de maneira irretocável. Há registros de desfiles de Chanel, na rue Cambon, e de Dior, na avenue Montaigne, que comprovam a beleza das apresentações.

Hoje as coleções ganham o apoio de música, cenário, iluminação e coreografia em locais espaçosos. Como espectadores, há não apenas algumas clientes, mas também representantes da valiosa imprensa mundial, personalidades das mais diversas áreas, compradores internacionais e, obviamente, consumidores privilegiados.

A expectativa que antecede a apresentação é grande. Fotógrafos e cinegrafistas se acomodam no espaço a eles reservado – que sempre é pequeno –, pois o interesse em registrar o que vai ser mostrado aumenta cada vez mais. Depois de certa ansiedade e de alguma expectativa, as luzes se apagam, o burburinho se acalma e o som da música indica o início de mais uma apresentação de moda.

Projetores iluminam a passarela e, uma a uma, as modelos vão surgindo, como se fossem pinceladas de um grande mestre preenchendo mais uma tela. Ao final, entra o criador da coleção, como uma assinatura em mais uma obra de arte realizada.

REFERÊNCIAS BIBLIOGRÁFICAS

BAUDOT, François. *Chanel joaillerie*. Paris: Éditions Assouline, 1998.

BOUCHER, François. *Histoire du costume em Occident de l'Antiquité a nos jours*. Paris: Flammarion, 1965.

BUTAZZI, Grazietta. *La mode: art, histoire & société*. Paris: Hachette, 1983.

CALO, Giorgia & SCUDERO, Domenico. *Moda e arte dal decadentismo all'ipermoderno*. Roma: Gangemi Editore, 2009.

CARR, Larry. Four Fabulous Faces: Swanson, Garbo, Crawford, Dietrich. Nova York: Galahad, 1970.

CONTINI, Mila. *5.000 ans d'elégance*. Paris: Hachette, 1965.

COURA, Kalleo. "Ativista da beleza". Em *Veja*, no 2.140, São Paulo, 25-11-2009.

D'ASSAILLY, Gisele. *Les quinze r*évolutions *de la mode*. Paris: Hachette, 1968.

DARYS, Katherine & COHEN, Michèle. *Le guide de vos bijoux*. Paris: M. A. Éditions, 1989.

DEBUCOURT, Philibert-Louis. *Modes et manières du jour à Paris à la fin du 18e siècle et au commencement du 19e, 1798-1808*. Série Costumes et Modes d'Autrefois. Paris: Éditions Rombaldi, 1957.

DESLANDRES, Yvonne & Muller, Florence. *Histoire de la mode au XXe. siècle*. Paris: Somogy, 1986.

DI STEFANO, Eva. *Gustav Klimt: Art Nouveau Visionary*. Londres: Sterling, 2008.

ENGELMANN, Ines Janet. *Impressionism*. Munique: Prestel, 2007.

JOYCE, Kristin & ADDISON, Shellei. *Pearls: Ornament and Obsession*. Londres: Thames & Hudson, 1992.

LE BAIN ET LE MIROIR. Catálogo de exposição. Paris: Musée de Cluny, 2009.

LÉVI-STRAUSS, Monique. *Cachemires: L'art et l'histoire des châles en France au XIXème*. Paris, Éditions Adam Biro, 1998.

LIPOVETSKY, Gilles. *O império do efêmero: a moda e seu destino nas sociedades modernas*. São Paulo: Companhia das Letras, 1989.

Metropolitan Museum of Art – Nova York. Coleção Folha Grandes Museus do Mundo. São Paulo: Folha de S.Paulo, 2009.

Museu D'Orsay – Paris. Coleção Folha Grandes Museus do Mundo. São Paulo: Folha de S.Paulo, 2009.

Museu Hermitage – São Petersburgo. Coleção Folha Grandes Museus do Mundo. São Paulo: Folha de S.Paulo, 2009.

Museu Van Gogh – Amsterdã. Coleção Folha Grandes Museus do Mundo. São Paulo: Folha de S.Paulo, 2009.

PADBERG, Martina. *Impressionismo*. Potsdam/Barcelona: Ullmann Publishing/Quality Servicius Editoriales, 2008.

PIZA, Daniel. "Sinopse". Em *O Estado de S. Paulo*, 2-5-2010.

ROBINSON, Julian. *La mode art déco*. Paris: *Éditions* Atlas, 1977.

ROSKILL, Mark. "Early Impressionism and the Fashion Print". Em *The Burlington Magazine*, 1970.

RUPPERT, Jacques. *Le costume*. Paris: Flammarion, 1947.

SAINT-LAURENT, Cecil. *Imprévue des dessous féminins*. Paris: Éditions Herscher, 1986.

REFERÊNCIAS BIBLIOGRÁFICAS

SCARISBRICK, Diana. *Joaillerie "Le Livre": chefs d'oeuvre de l'art du bijou de l'antiquite a nos jours*. Londres: Quarto Publishing, 1989.

SIMON, Marie. *Mode et peinture: Second Empire et l'impressionnisme*. Paris: *Éditions* Hazan, 1995.

VERNET, Horace. *Incroyables et merveilleuses – Paris 1810-1818*. Série Costumes et Modes d'Autrefois. Paris: Éditions Rombaldi, 1955.

ZINSERLING, Verena. *La femme em Grèce et à Rome*. Leipzig: Edition Leipzig, 1972.

MUSEUS, GALERIAS, BIBLIOTECAS, IGREJA E CASTELOS

Alte Pinakothek, Munique. Disponível em http://www.pinakothek.de/alte-pinakothek/ (acesso em 27-7-2012).

Bayerische Staatsgemäldesammlungen, Munique. Disponível em http://www.pinakothek.de/en/node/560 (acesso em 30-7-2012).

Bibliothèque de l'Arsenal, Paris. Disponível em http://www.bnf.fr/fr/la_bnf/sites/a.site_bibliotheque_arsenal.html (acesso em 27-7-2012).

Bibliothèque des Arts Décoratifs, Paris. Disponível em http://www.lesartsdecoratifs.fr/francais/bibliotheque/ (acesso em 23-7-2012).

Bibliothèque Municipale de Tours, Tours. Disponível em http://www.bm-tours.fr/ (acesso em 23-7-2012).

Bibliothèque Nationale de France. Paris. Disponível em http://www.bnf.fr/fr/acc/x.accueil.html (acesso em 23-7-2012).

Bristol Museum and Art Gallery, Bristol. Disponível em http://www.bristol.gov.uk/node/2904 (acesso em 30-7-2012).

Centre Pompidou, Paris. Disponível em http://www.centrepompidou.fr/ (acesso em 22-8-2012).

Château de Compiègne, Compiègne.

Chatsworth House, Derbyshire. Disponível em http://www.chatsworth.org/ (acesso em 27-7-2012).

Fogg Art Museum, Cambridge. Disponível em http://www.harvardartmuseums.org/collection/fogg/ (acesso em 23-7-2012).

Galleria d'Arte Moderna, Gênova. Disponível em http://www.museidigenova.it/spip.php?rubrique16 (acesso em 23-7-2012).

Galleria degli Uffizi, Florença. Disponível em http://www.uffizi.com/ (acesso em 23-7-2012).

Gemäldegalerie, Berlim. Disponível em http://www.smb.museum/smb/sammlungen/details.php?lang=en&objID=5&n=1&r=6 (acesso em 27-7-2012).

Hamburger Kunsthalle, Hamburgo. Disponível em http://www.hamburger-kunsthalle.de/ (acesso em 30-7-2012).

Igreja de San Vitale, Ravena.

Koninklijk Museum voor Schone Kunsten Antwerpen, Antuérpia. Disponível em http://www.kmska.be/ (acesso em 23-7-2012).

Kunsthalle Bremen, Bremen. Disponível em http://www.kunsthalle-bremen.de/ (acesso em 23-7-2012).

Kupferstichkabinett, Berlim. Disponível em http://www.berlin.de/orte/museum/kupferstichkabinett/index.en.php (acesso em 27-7-2012).

Mauritshuis Museum, Haia. Disponível em http://www.mauritshuis.nl/ (acesso em 27-7-2012).

Minneapolis Institute of Arts, Minneapolis. Disponível em http://www.artsmia.org/ (acesso em 23-07-2012).

REFERÊNCIAS BIBLIOGRÁFICAS

Musée Carnavalet, Paris. Disponível em http://carnavalet.paris.fr/ (acesso em 23-7-2012).

Musée d'Orsay, Paris. Disponível em http://www.musee-orsay.fr/ (acesso em 23-7-2012).

Musée de Cluny, Paris. Disponível em http://www.musee-moyenage.fr/ (acesso em 23-7-2012).

Musée de la Monnaie de Paris, Paris. Disponível em http://www.monnaiedeparis.fr/ (acesso em 23-7-2012).

Musée des Augustins, Toulouse. Disponível em http://www.augustins.org/intro/accueil.htm (acesso em 23-7-2012).

Musée des Tissus et des Arts Décoratifs de Lyon, Lyon. Disponível em http://www.musee-des-tissus.com/ (acesso em 23-7-2012).

Musée du Louvre, Paris. Disponível em http://www.louvre.fr/ (acesso em 23-7-2012).

Musée George Sand et de la Vallée Noire, La Châtre. Disponível em http://www.musees.regioncentre.fr/Les-musees.php?navID=&lang=FRA&preprod=&idcat=C&idmusee=AACG (acesso em 30-7-2012).

Musée Marmottan Monet, Paris. Disponível em http://www.marmottan.com/ (acesso em 23-7-2012).

Musée Rodin, Paris. Disponível em http://www.musee-rodin.fr/ (acesso em 23-7-2012).

Museo Nacional del Prado, Madri. Disponível em http://www.museodelprado.es/ (acesso em 23-7-2012).

Museo Nazionale Romano, Roma. Disponível em http://www.roma2000.it/munaro.html (acesso em 25-7-2012).

Museo Raccolte Frugone, Gênova. Disponível em http:// http://www.museidigenova.it/spip.php?rubrique30 (acesso em 21-8-2012).

Museo Thyssen-Bornemisza, Madri. Disponível em http://www.museothyssen.org/en/thyssen/home (acesso em 23-7-2012).

Museum Het Rembrandthuis, Amsterdã. Disponível em http://www.rembrandthuis.nl/ (acesso em 23-7-2012).

Museum of Fine Arts, Boston. Disponível em http://www.mfa.org/ (acesso em 23-7-2012).

Muzeum Narodowe, Varsóvia. Disponível em http://www.mnw.art.pl/ (acesso em 27-7-2012).

Nasa. Disponível em http://www.nasa.gov/ (acesso em 22-8-2012).

National Gallery of Art, Washington. Disponível em http://www.nga.gov/ (acesso em 23-7-2012).

Necrópole, Vale das Rainhas, Tebas.

Neue Galerie, Nova York. Disponível em http://www.neuegalerie.org (acesso em 23-7-2012).

Österreichische Galerie Belvedere, Viena. Disponível em http://www.belvedere.at/de (acesso em 23-7-2012).

Palazzo Massimo Lancellotti, Roma.

Petit Palais – Musée des Beaux-Arts de la Ville de Paris, Paris. Disponível em http://www.petitpalais.paris.fr/ (acesso em 23-7-2012).

Philadelphia Museum of Art, Filadélfia. Disponível em http://www.philamuseum.org/ (acesso em 23-7-2012).

Schloss Charlottenburg, Berlim.

Tadema Gallery, Londres. Disponível em http://www.tademagallery.com/ (acesso em 23-7-2012).

The Acropolis Museum, Atenas. Disponível em http://www.theacropolismuseum.gr/ (acesso em 23-7-2012).

REFERÊNCIAS BIBLIOGRÁFICAS

The Art Institute of Chicago, Chicago. Disponível em http://www.artic.edu/ (acesso em 23-7-2012).

The British Museum, Londres. Disponível em http://www.britishmuseum.org/ (acesso em 30-7-2012).

The J. Paul Getty Museum, Los Angeles. Disponível em http://www.getty.edu/museum/ (acesso em 23-7-2012).

The Metropolitan Museum of Art, Nova York. Disponível em http://www.metmuseum.org/ (acesso em 23-7-2012).

The Museum of Modern Art (MoMA), Nova York. Disponível em http://www.moma.org/ (acesso em 23-7-2012).

The National Gallery, Londres. Disponível em http://www.national-gallery.org.uk/ (acesso em 23-7-2012).

The Preservation Society of Newport County, Newport. Disponível em http://www.preservationnation.org/ (acesso em 31-7-2012).

The State Hermitage Museum, São Petersburgo. Disponível em http://www.hermitagemuseum.org/ (acesso em 23-7-2012)

Van Gogh Museum, Amsterdã. Disponível em http://www.vangogh-museum.nl/vgm/index.jsp?lang=nl (acesso em 21-8-2012).

Wien Museum, Viena. Disponível em http://www.wienmuseum.at (acesso em 23-7-2012).

Windsor Castle, Windsor.

ÍNDICE

Antiguidade, 13

Apresentação, 9

Belle Époque: criadores e criações, 137
  Dufy: pinturas, gravuras, ilustrações e estampas, 149
  Gustave Klimt: da profusão de detalhes à simplificação total, 137
  Os plissados de Fortuny,147
  Poiret: entre arte e moda, 143

Belle Époque: movimentos, 115
  O *art nouveau*,121
  Japonismo, 126
    Joias *art nouveau,* 133
  Emancipação da moda italiana pela arte, 118
  O expressionismo, 134

Idade Média, 23

Moda para admirar, arte para vestir
  Arte na passarela,189
  Moda-arte com raízes orientais, 190

Nota do editor, 7

Referências bibliográficas, 199

Renascimento, 29
  Gravuras de moda,35
  Gravuras e pinturas, 39

Sacrifício imposto pela moda, 34

Século XIX: moda e estilo, 73
  A anquinha, 87
  O estabelecimento da moda e o início da alta-costura, 83
  O retorno do espartilho, 76
  Ousadia e atitude, 80

Século XIX: moda, fotografia e impressionismo, 91
  As valsas de Renoir
  Fotos, gravuras e telas, 98
  Moda como objetivo, 103
  Moda infantil na pintura impressionista, 106
  Nas telas, o perfil da moda, 109

Século XVII, 43
  Do século XVII para o XXI, 45
  O xale, 47

Século XVIII, 51
  Cintura frágil, saia volumosa, 61
  Linha Diretório, 63

Século XX: criadores e criações, 175
  Chanel e Vionnet, 179
  Man Ray: arte na fotografia de moda, 178
  Moda espacial, 181

Obras consagradas invadem a moda, 185

Sonia Delaunay e a arte na vida cotidiana, 175

Século XX: movimentos, 153

A *art déco*, 155

Joias *art déco*, 156

A op-art, 166

A pop art, 170

Moda e Sétima Arte, 162

O cubismo, 153

O dadaísmo, 169

O neoplasticismo, 154

O psicodelismo, 172

O surrealismo, 158